ビジュアル版
1日3分!

脚やせPUSH ダイエット

斉藤美恵子
レッグ・コンシャリスト

幻冬舎

「脚を意識すること」。これが美脚への第一歩

みなさん、こんにちは。レッグ・コンシャリストの斉藤美恵子です。「コンシャス」とは「意識する」という意味。「レッグ・コンシャリスト」は「脚を意識させる」という意味で私が考えた造語です。

これまで私は、33年間にわたり、女優さんやモデルさんを含め、2万人以上の女性たちの美脚矯正に携わってきましたが、彼女たちには、大きな共通点がありました。

それは「脚を意識していない」こと。

みなさんは、顔には時間をかけてマッサージしたりメイクアップをするけれど、脚にもそれだけの愛情や労《いたわ》りを持っているでしょうか？　「ＹＥＳ」と言える方はほとんどいないでしょう。

逆に言えば、脚を意識することが、美脚を確実に手に入れる第一歩なのです。

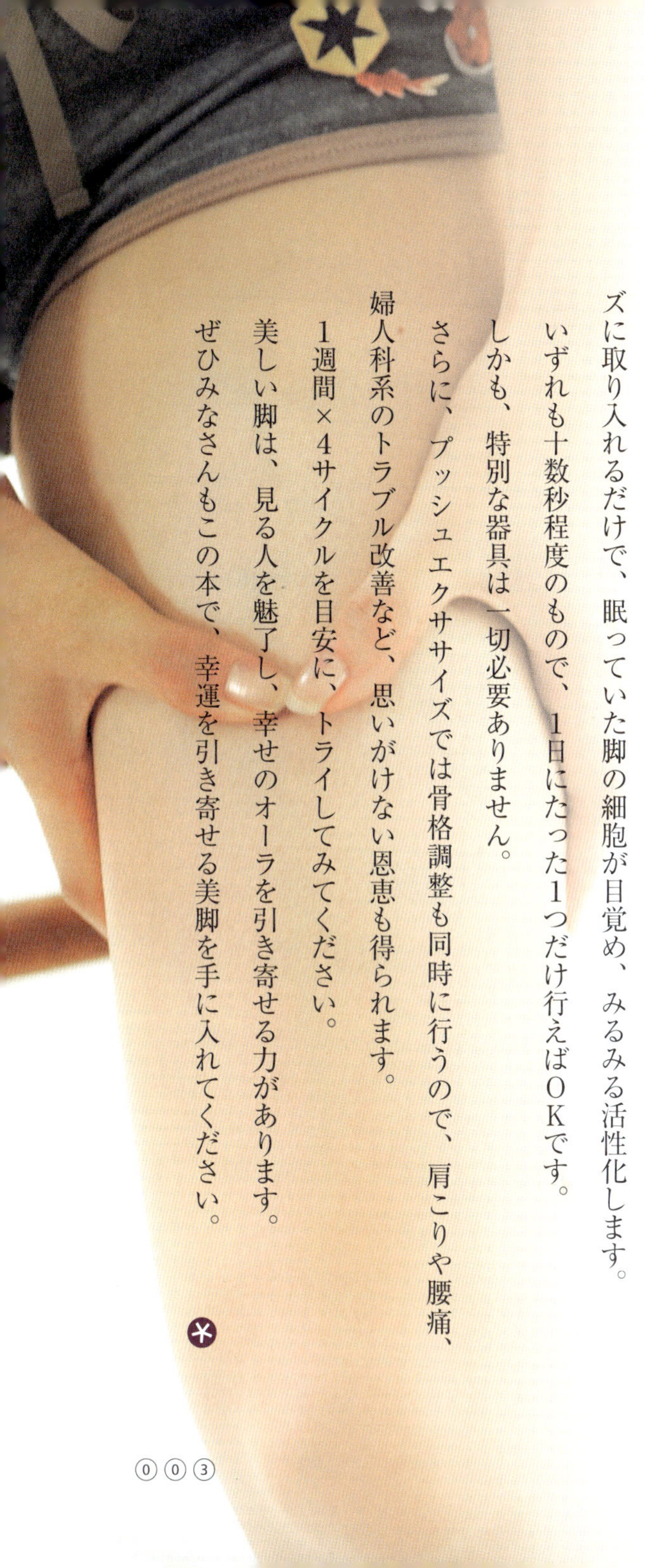

「プッシュ」が脚を目覚めさせる

「美脚」を手に入れるためにみなさんにぜひ行ってほしいのが、本書で紹介するプッシュエクササイズです。「手で押す」という一見単純な動作をエクササイズに取り入れるだけで、眠っていた脚の細胞が目覚め、みるみる活性化します。

いずれも十数秒程度のもので、1日にたった1つだけ行えばOKです。

しかも、特別な器具は一切必要ありません。

さらに、プッシュエクササイズでは骨格調整も同時に行うので、肩こりや腰痛、婦人科系のトラブル改善など、思いがけない恩恵も得られます。

1週間×4サイクルを目安に、トライしてみてください。

美しい脚は、見る人を魅了し、幸せのオーラを引き寄せる力があります。

ぜひみなさんもこの本で、幸運を引き寄せる美脚を手に入れてください。

Contents

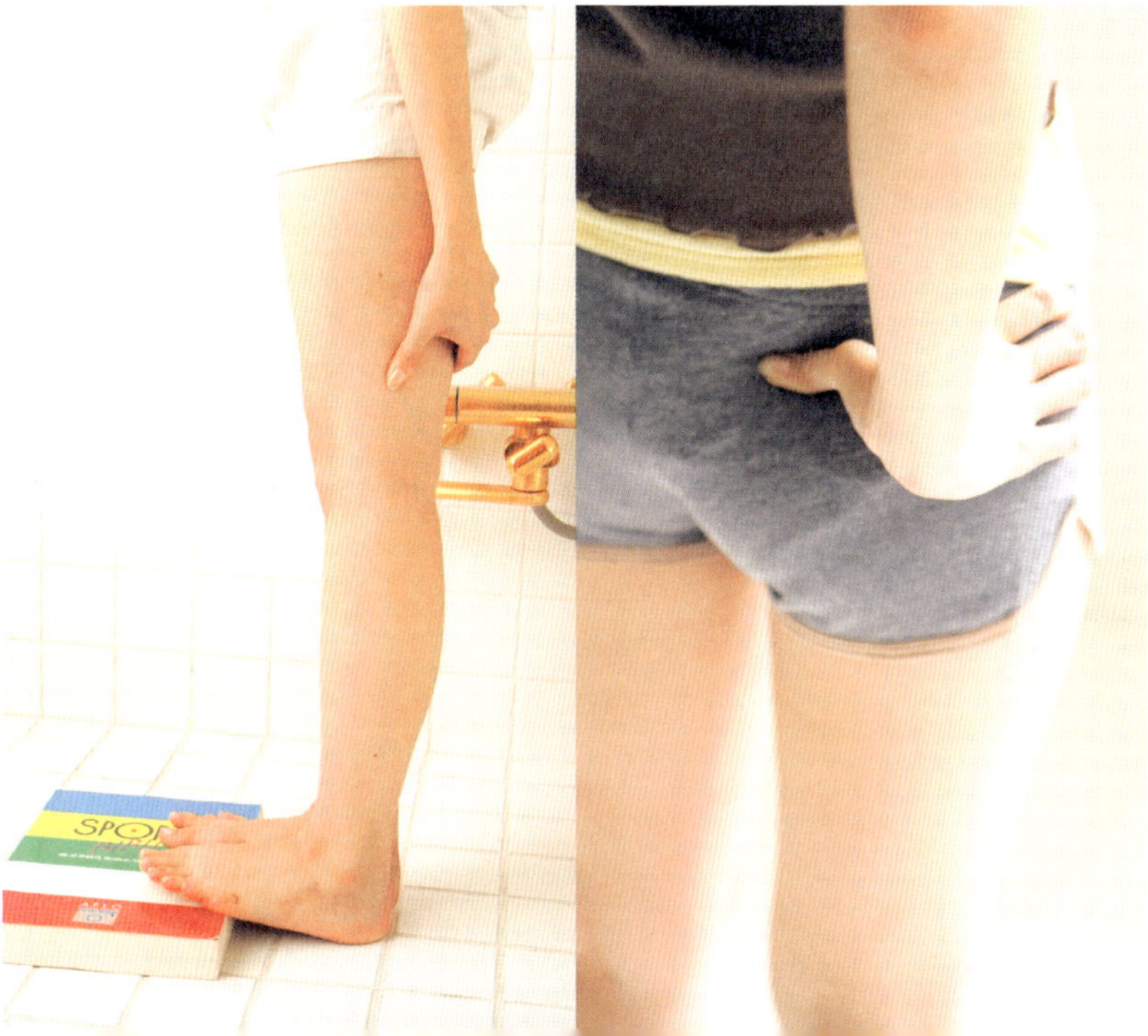

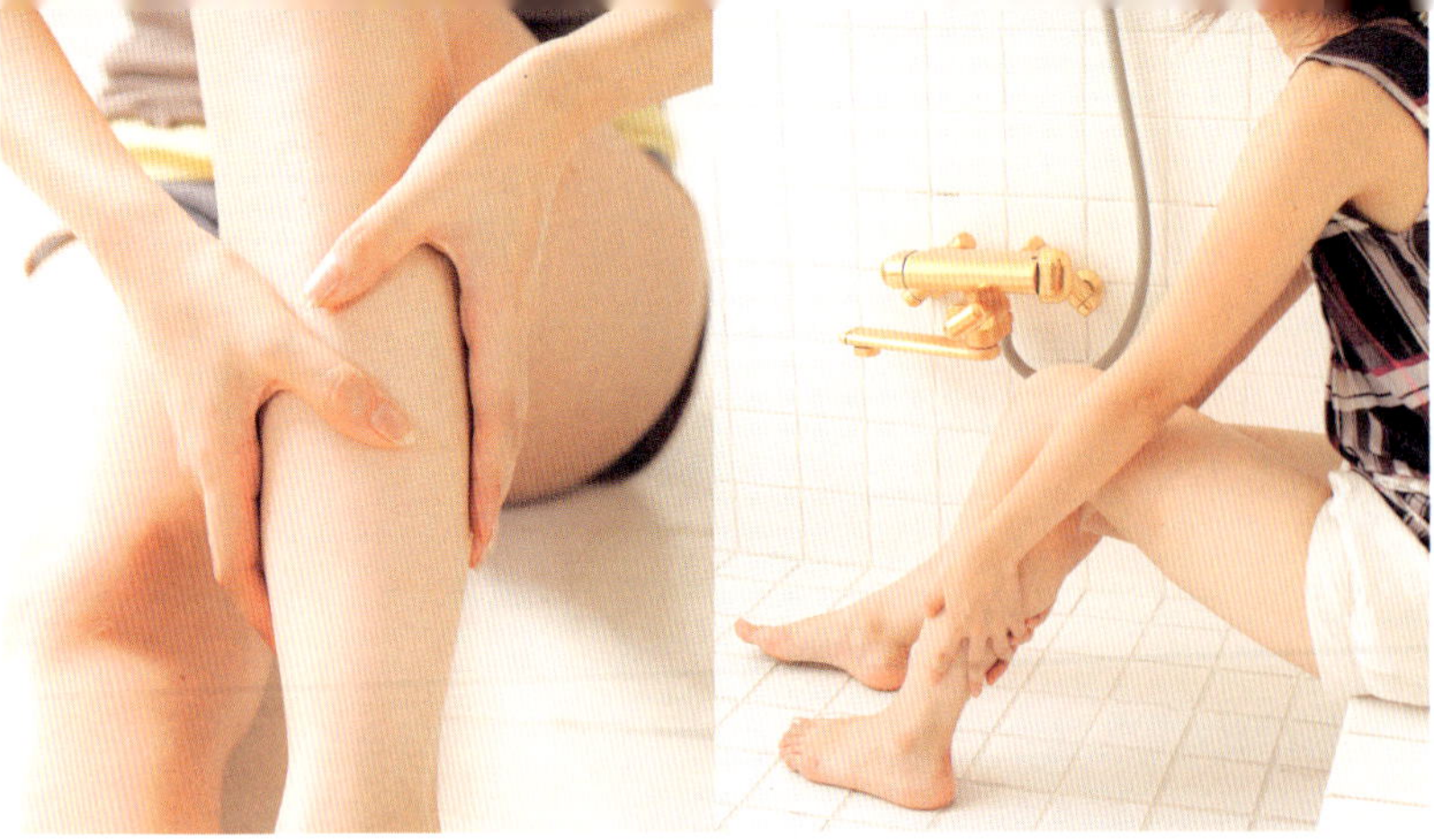

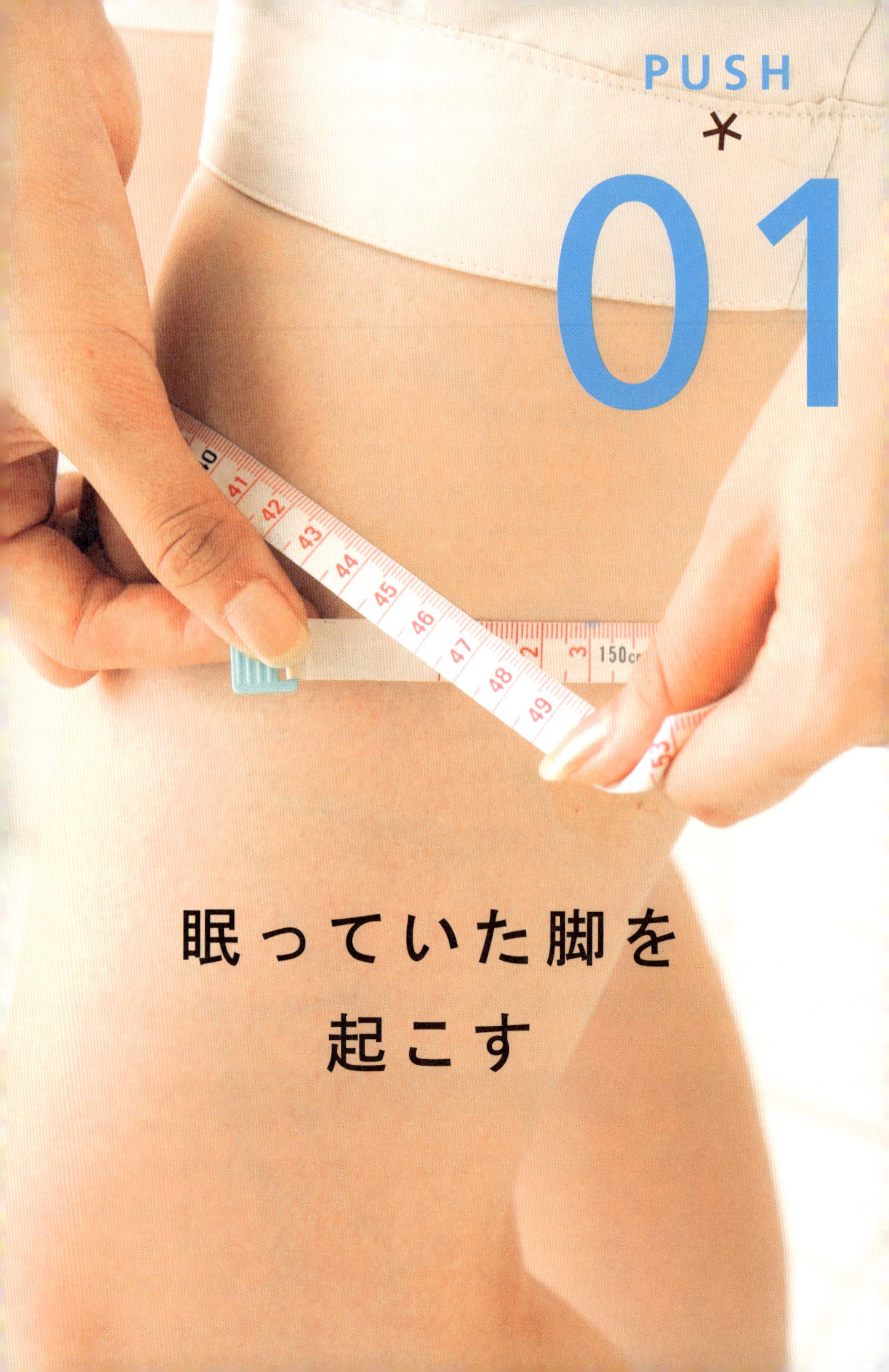

PUSH ＊ 01

眠っていた脚を起こす

「脚を意識」して、
「太すぎず・細すぎず・
メリハリのある」脚へ

現代女性の多くは、ラクな生活環境に慣れ、ハリのないゆがんだ姿勢になっています。頬杖《ほおづえ》をつきながら食事をする、スマホを見ながら下向きで歩く……姿勢が悪くなると、必ず「脚」に悪い影響が出ます。

だからこそ、美脚づくりの第一歩は「脚を意識すること」です。しかし多くの女性は、それを正しく実行できていません。その原因のひとつが「標準サイズ」です。数字ばかりを見て一喜一憂するだけで、肝心の脚に意識が向いていないのです。これでは、単に数字の追いかけっこをしているだけ。

みなさんが目指すべきは「太すぎず・細すぎず・メリハリのある」脚。全身をシルエットで見たときのバランスが絶妙な脚です。

さて、次ページからは、いよいよ脚の状態チェックです。これはいわば「これからエクササイズをはじめますよ」と脚に意識を向けるための儀式。けっして数字にとらわれてはいけませんよ。数字は結果として後からついてくるものなのですから。

CHECK❶ 太もものサイズをはかる

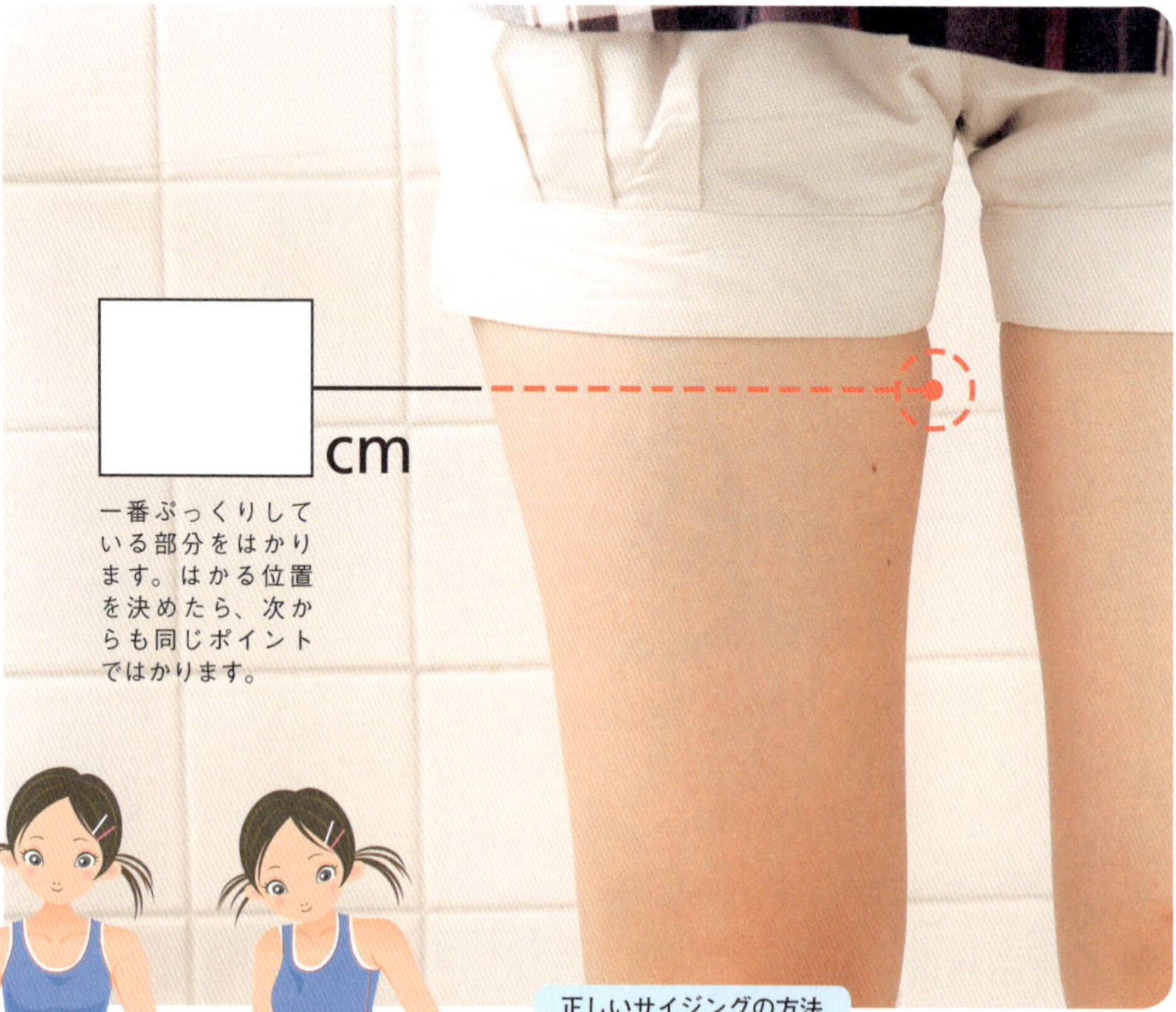

一番ぷっくりしている部分をはかります。はかる位置を決めたら、次からも同じポイントではかります。

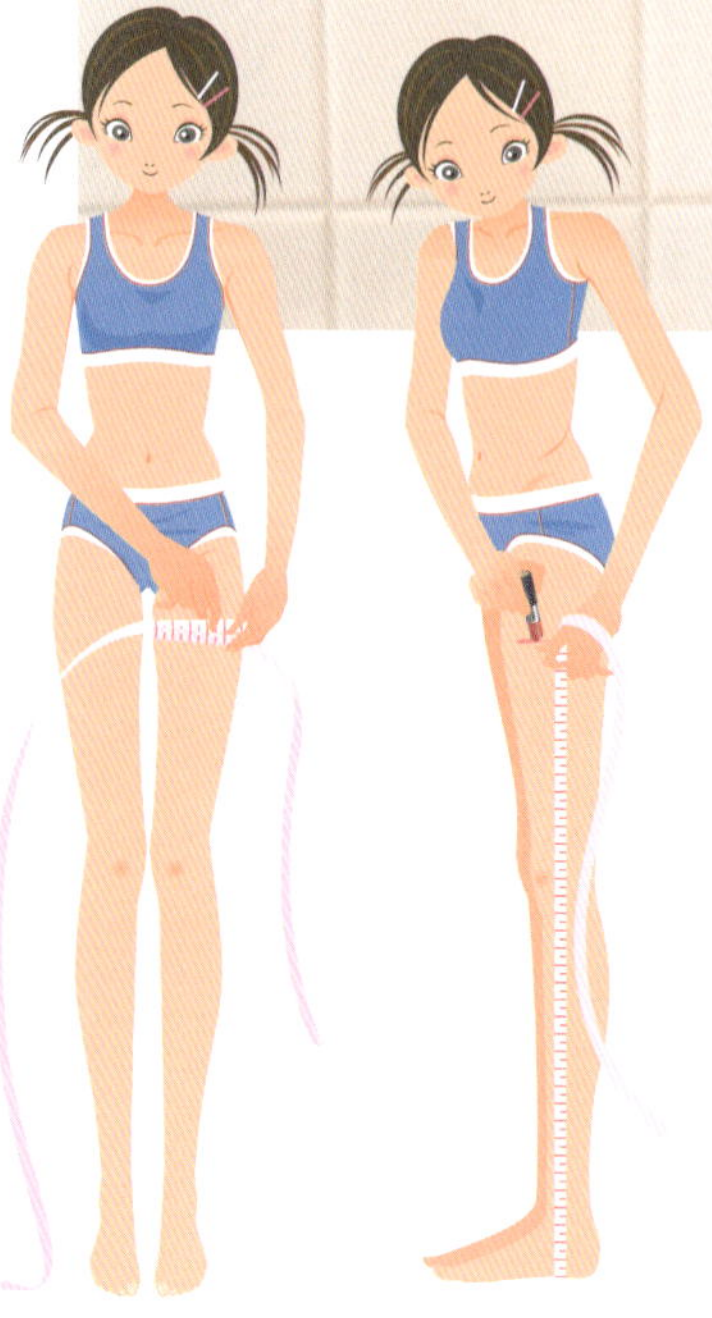

正しいサイジングの方法

❶ メジャーの先端から5cmまでを、かかとの真ん中で踏む。
❷ 踏んだ位置がずれないように立ち、メジャーを真《ま》っ直《す》ぐ伸ばす。
❸ 太ももの一番ぷっくりしている部分に口紅やシールなどで印をつけ、床から何cmのところかメモする。これが、はかる位置になる。
❹ サイズをはかる。

定期的なサイジングで脚の変化を実感する

まずはサイジングを行いましょう。数字を見て、「変化しているんだ」と確認することによって、脚に意識を向けやすくなります。私たちの体は、毎日の生活習慣によって驚くほど正直に変化します。週1ペースではかって変化を実感してほしいですね。

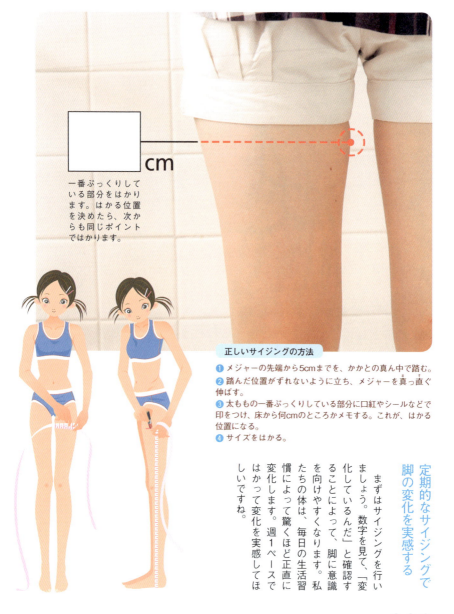

CHECK 2 脚のメリハリを見る

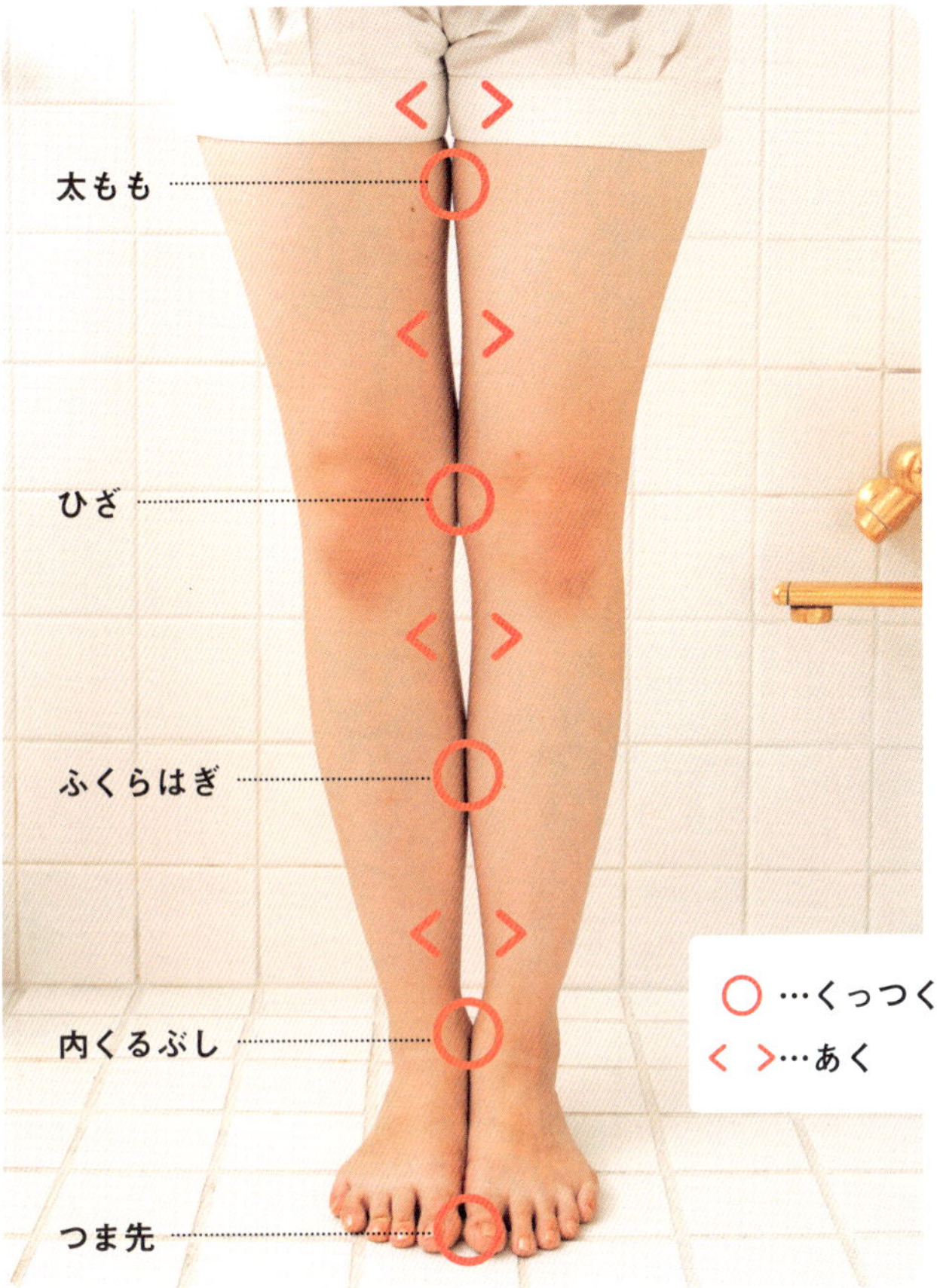

理想の脚は「5点つき4点あき」

脚のメリハリや太さをチェックする目安に「5点つき4点あき」があります。これは、つま先とかかとをくっつけた状態で立ったとき、太もも、ひざ、ふくらはぎ、内くるぶし、つま先の5つのポイントがくっつき、それらの間にあたる4つのポイントがあく状態になること。どれか1点でもくっつかない場合はO脚、ひざだけくっつくのはX脚、太ももがすき間なくくっつく場合は脂肪太りが考えられます。

本書で紹介するエクササイズは脚のゆがみ矯正も同時に行えます。理想の脚を目指して頑張りましょう。

CHECK 3 全身のバランスをチェックする

①上半身と下半身のバランスチェック

肩幅に対するウエスト、
ヒップの大きさを確認しましょう。

肩幅 ☐ **cm**

ウエストの幅 ☐ **cm**

ヒップの幅 ☐ **cm**

肩幅 ☐ − **ウエストの幅** ☐ ＝ ☐ **cm**

ヒップの幅 ☐ − **ウエストの幅** ☐ ＝ ☐ **cm**

②左右のバランスチェック

鏡を見ながら、ボディの左右差が
ないか確認しましょう。

- ☐ **肩の高さ**
- ☐ **ウエストの高さ**
- ☐ **ヒップの高さ**

全身のバランスが脚の美醜を決める

たとえ脚を細くしても、左右差があったり、上半身に対して下半身が細すぎては美しいとは言えません。真の美脚を手に入れるためには、全身の調和をはかることが鉄則です。理想は、肩とウエストの幅の差が12〜16センチ、ウエストとヒップの幅の差が10センチ程度のシンメトリーなボディです。バランスのよいシルエットを目指して、見た目にアプローチしましょう。

PUSH ＊ 02

やせ魂に PUSHする

プッシュする方向は「下から上」が原則

＊

手のひらや指を使ってゆっくりと深部まで圧力をかけることで、コリ固まった筋肉や脂肪をゆるませ、血液＆リンパの流れを促進します。

ここでは、覚えておきたい基本テクニックを紹介します。

Method

基本のプッシュテクを覚える

プッシュの手技は、親指プッシュ、手《しゅ》こんぶプッシュ、パンチプッシュ、かかとプッシュの4つがあります。いずれも、目的によって使い分けるようにしましょう。

注意してほしいのは、腕の力だけで押そうとしないこと。プッシュする面に対してなるべく垂直に、体重をのせながらゆっくりと押し、ゆっくりと離すようにします。イタ気持ちいい程度まで押すといいでしょう。

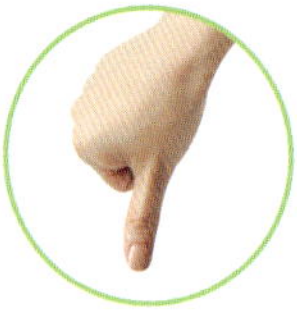

親指プッシュ

1カ所に集中的に圧力をかけたいときに使います。親指の腹の部分を使って、キューッと押しましょう。

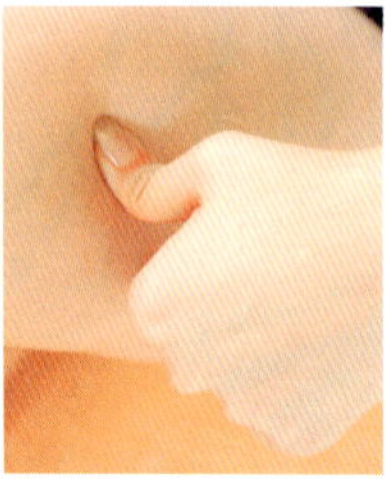

お役立ちプッシュアイテム

道具を活用すれば、ラクに深い圧力をかけることができます。イマイチ力が入らない人、体がカタい人にオススメです。

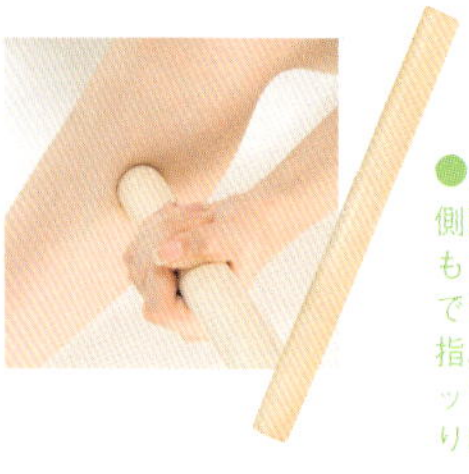

●めん棒
側面でも先でもプッシュができます。親指、パンチプッシュの代わりに。

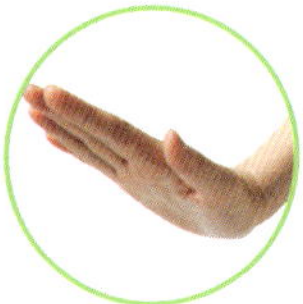

手こんぶプッシュ

手こんぶ（手のひらの下のふっくらとした部分）全体で圧力をかけます。大きな筋肉をプッシュするときに使います。

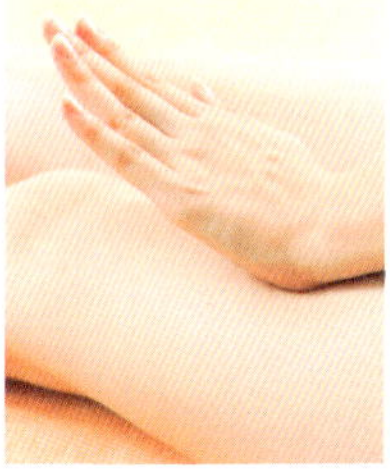

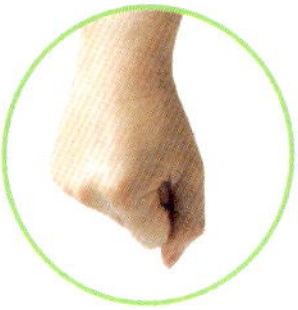

パンチプッシュ

手をパンチの形にしてプッシュします。広い範囲に圧力をかけ、さらに指関節の突起で細かい部分にも効かせることができます。

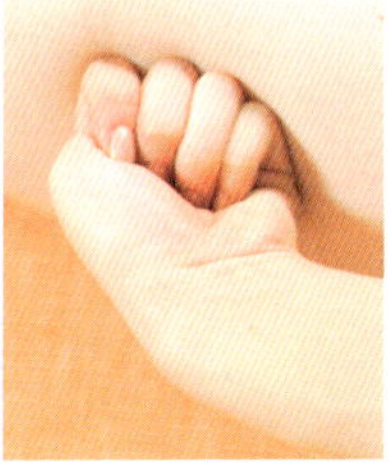

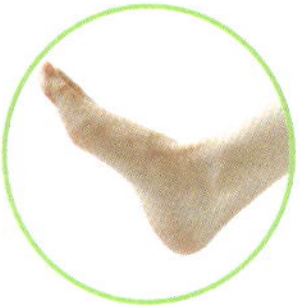

かかとプッシュ

かかとを使ってプッシュします。ラクに、より深い圧力をかけることができます。手ではプッシュしにくい内ももなどにも有効です。

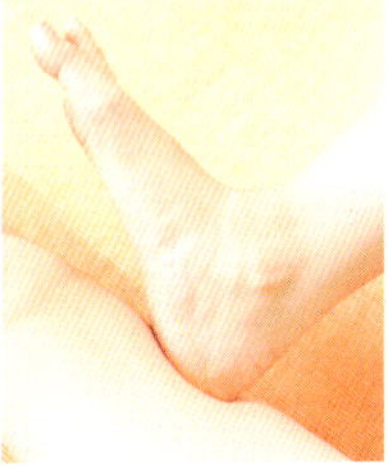

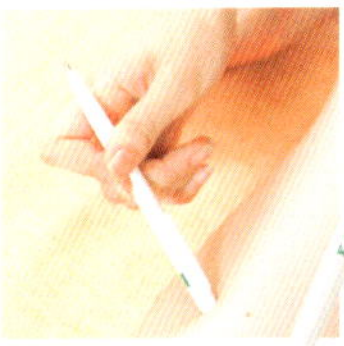

●ペン

ペンでプッシュします。1点集中。親指プッシュの代わりに。

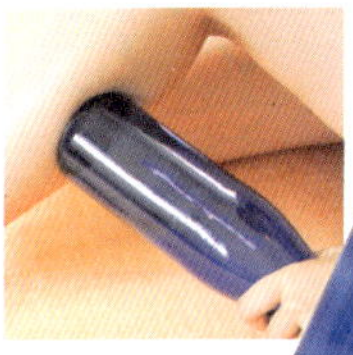

●ワインの瓶

瓶底でプッシュします。重さがある分、負荷をかけることができます。手こんぶ、かかとプッシュの代わりに。

Method

プッシュエクササイズ 1週間×4サイクル プランニング

プッシュエクササイズは、平日の5日間は太もも集中、週末の2日間は太もも以外を部位別にフォーカスするように構成しています。

この1週間分のエクササイズを4サイクル、トータル4週間行ってください。1週目だけでも充分変化は見られるのですが、それをキープするためには、**やはり反復しながら体に覚え込ませることが大切です。**

1週目は、まずは体を動かしながらエクササイズを覚えましょう。2週目は、火・水曜日の「張りをとりのぞく」エクササイズを重点的に行います。3週目は、木・金曜日の「引き締める」筋トレ系をていねいに。ラスト4週目は補習期間。気になる部位のエクササイズをピックアップして、ワンランクアップの美脚を手に入れましょう。

WEEKDAY'S 太ももPUSHエクササイズ

- **月** ゆがんでフリーズした太ももをほぐす
- **火** 前ももの張りをとりのぞく
- **水** 外もものこわばりを解く
- **木** 内もものぷよぷよを撲滅する
- **金** 後ろもものたるみをピシッと引き締める

WEEKEND'S 気になる部位別PUSHエクササイズ

土 **日**

- キュッと締まった上向きのヒップをつくる
- ふくらはぎを細くする
- 足首の造形を掘り起こす

4 cycle

体のゆがみをリセットするストレッチ

エクササイズの前に、しっかり行ってほしいのがストレッチです。
全身をニュートラルな状態に戻すことで、
目的の筋肉や骨格に無駄なくアプローチできます。

PROCESS

① 首のコリをほぐす

❶ 両手を組む
正座をして、
両手を頭の後ろで組みます。

❷ 首を前に倒す
わきを締めながら、
首をグーッと前に倒します。

❸ 首を左に倒す
今度は、首を左にグーッと
倒します。右側にも同様に。

左右
1回ずつ

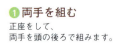

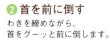

② 縮みきった肩を伸ばす

❶両腕を上げる

正座をして、両腕を頭の上で組み、
グーッと上へもちあげます。

❷両腕を後方に開く

両腕を離し、腕が左右水平になるまで
下ろし、そのまま腕をグーッと
後ろへ伸ばして10秒キープします。

10 sec

1回

③ 腰のゆがみをとりのぞく

❶ あおむけで片ひざを立てる

あおむけになり、左右のひざと足首をくっつけます。
手のひらは床面に向け、右脚のひざを立てます。

❷ 上半身と下半身をねじる

右脚を左に倒して左手でグッと押さえ、
頭は右に向けます。このまま10秒キープし、
ゆっくり元に戻します。反対側も同様に。

10 sec

左右
1回ずつ

④ コリ固まった股関節をほぐす

❶ あおむけになる

あおむけになり、左右のひざと足首をくっつけます。手のひらは床面に。

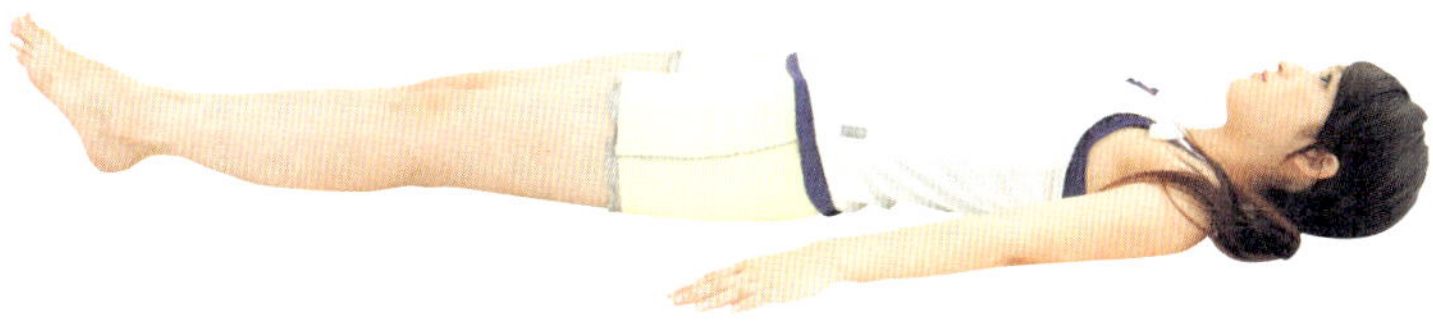

❷ 右ひざを右胸に引き寄せる

両手で右ひざを抱え、右胸にグーッと引き寄せ、ゆっくりと元に戻します。

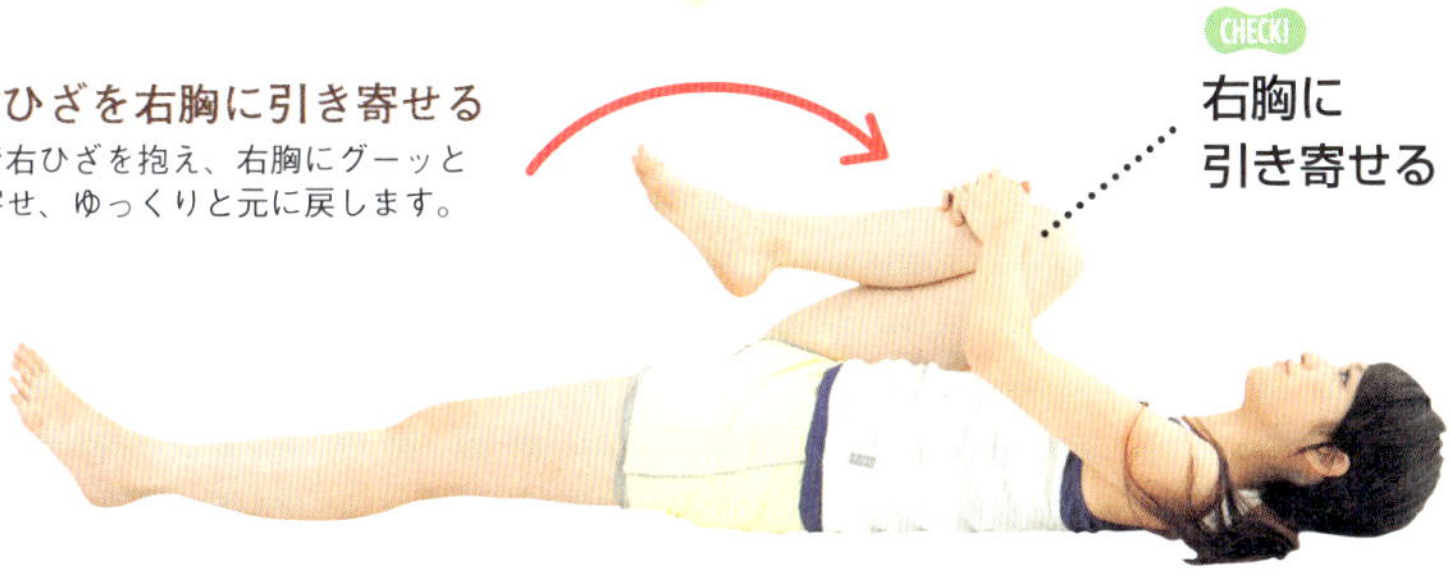

❸ 右ひざを左胸に引き寄せる

今度は右ひざを左胸にグーッと引き寄せ、ゆっくりと元に戻します。左ひざも同様に。

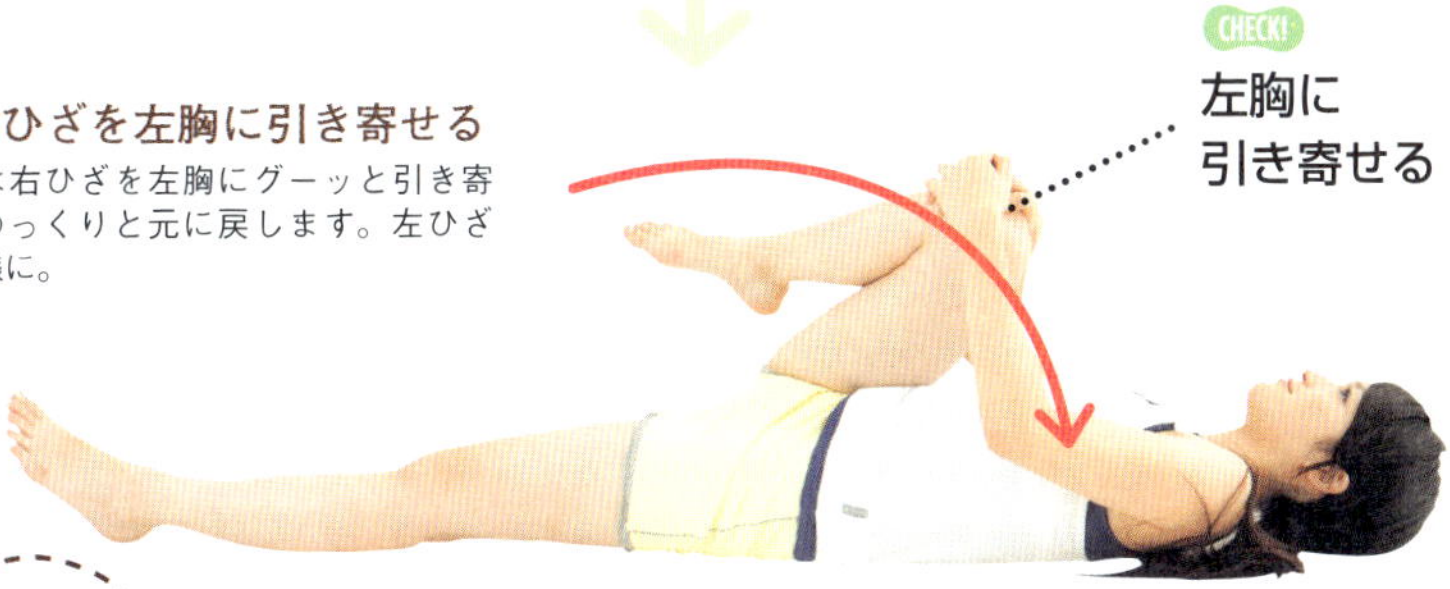

左右
1回ずつ

⑤ サビついたひざをシャッフルする

❶ひざを上下にシャッフルする

あおむけになり、ひざと足首をくっつけます。両手で右ひざを押さえ、上下に10回振ります。

❷ひざを左右にシャッフルする

そのまま、今度は左右に10回振ります。

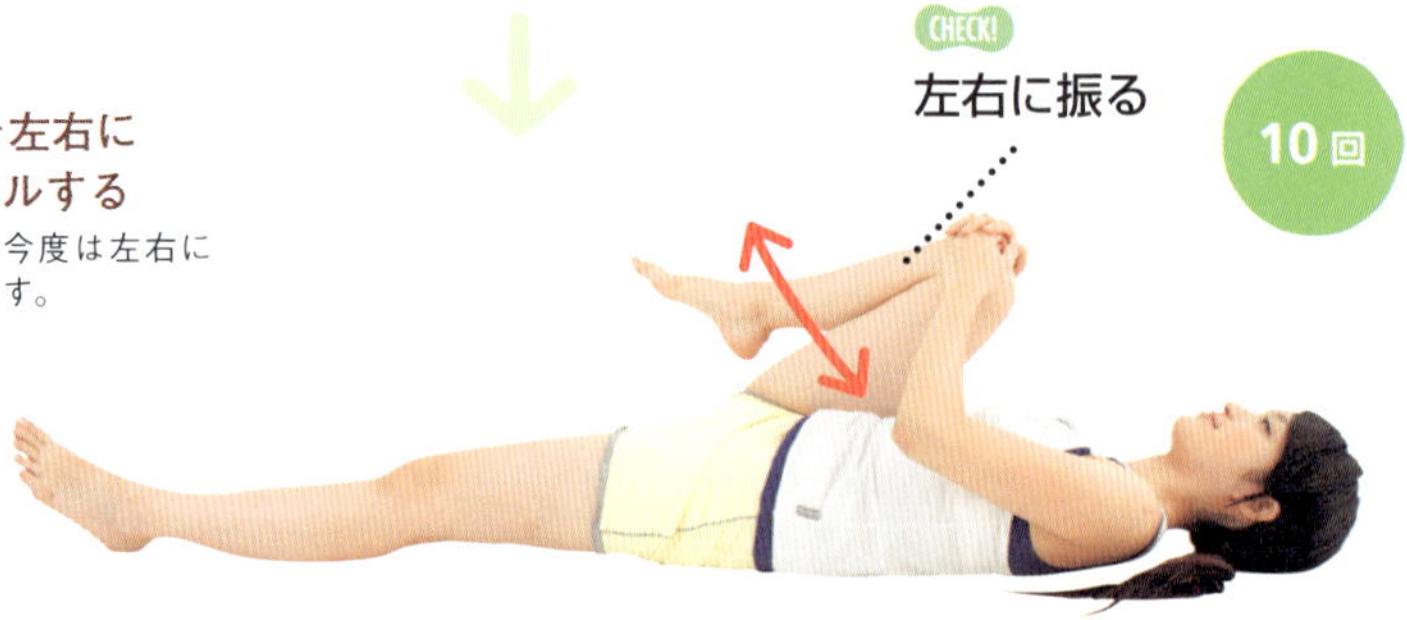

❸もう一度、ひざを上下にシャッフルする

最後に、再び上下に10回振ります。左脚も同様に。

左右1回ずつ

⑥ 足首を自由自在にする

5回

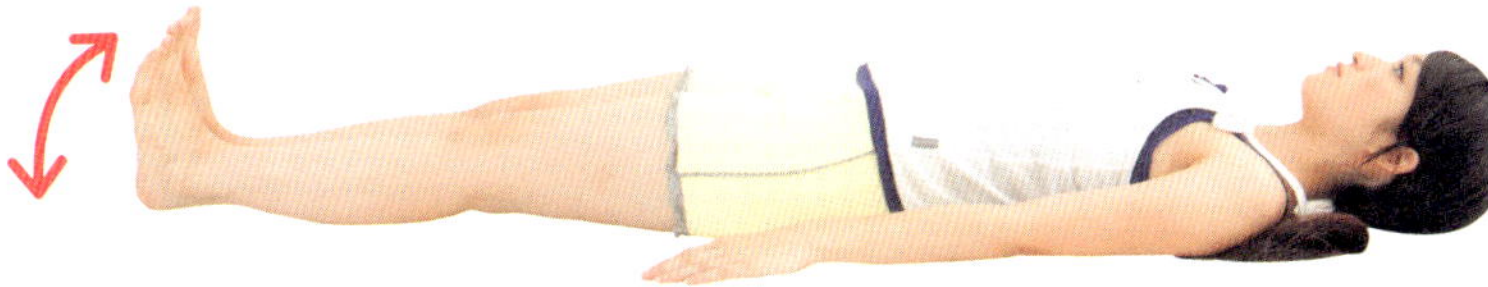

❶ 足首を前後に振る

あおむけになり、左右のひざと足首をくっつけます。手のひらは床面に向け、両足首を前後に5回振ります。

外まわし5回
内まわし5回

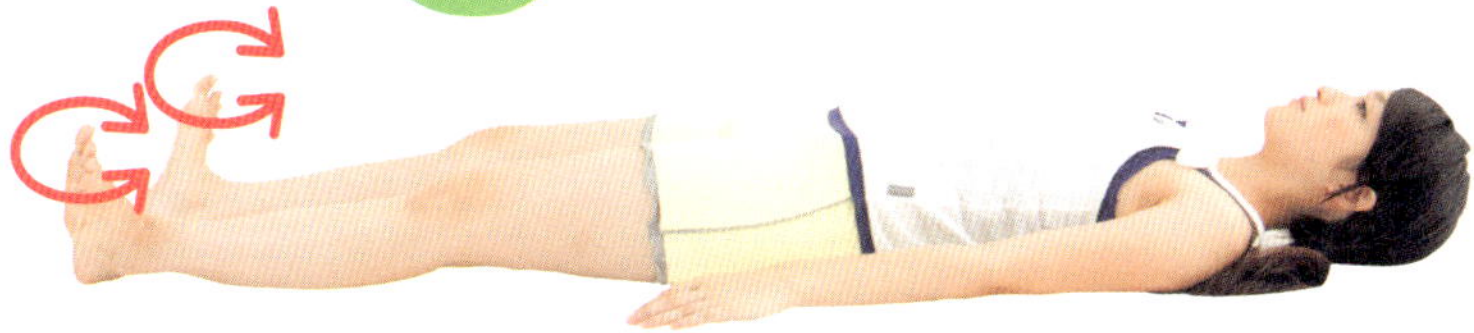

❷ 足首をまわす

そのまま、両足首をまわします。
外まわしと内まわしをそれぞれ5回行います。

1回

PUSH

*

03

WEEKDAY'S 太ももPUSH エクササイズ

太ももは、脚全体の美しさを決める最大のポイントです。
平日5日間は前もも、外もも、内もも、後ろももの4面から、
徹底的に整えましょう。

脚の形は、太ももから崩れていく

太ももは、全身のバランス調整の要《かなめ》となる「骨盤」と密接につながっています。

体がゆがむと、重心が外側となり、外ももの筋肉に常に負荷がかかります。同時に、骨盤も外側に開き、股関節の横にある骨が飛び出します。これが、おしりが横に大きく広がってしまう大きな原因のひとつです。他にもさまざまな要因が重なり、太もも全体の筋肉＆脂肪バランスが崩れ、いびつな形になります。いびつな形の太ももをふくらはぎや足首が支えるわけですから、連鎖的に脚全体が醜く崩壊するのは当然です。

美脚を確実に手に入れるためには、まずは太ももを骨格レベルから整えなければなりません。次ページからは、太ももにフォーカスした具体的なエクササイズを紹介します。

Push Exercise

月曜日

太もも

ゆがんでフリーズした太ももをほぐす

プッシュエクササイズの1日目は、ゆがんでコリ固まった太ももをプッシュしてほぐしましょう。

前ページでも触れましたが、多くの現代女性の太ももは、前側とサイドは必要以上に使われているために筋肉が硬くこわばり、内側と裏側は筋肉が弱く、代わりに余分な脂肪がボコボコ蓄積されて冷え固まっている、悲惨な状態です。つまり、筋肉と脂肪のつきかたがアンバランスになっているのです。この状態をリセットしない限り、いくらエクササイズを行っても、効かせたい部分に正しく伝わらないため、効果が半減してしまいます。これでは、せっかくのエクササイズの時間がもったいない！　短時間で、均整のとれた美しい太ももをゲットするためにも、しっかり行いましょう。

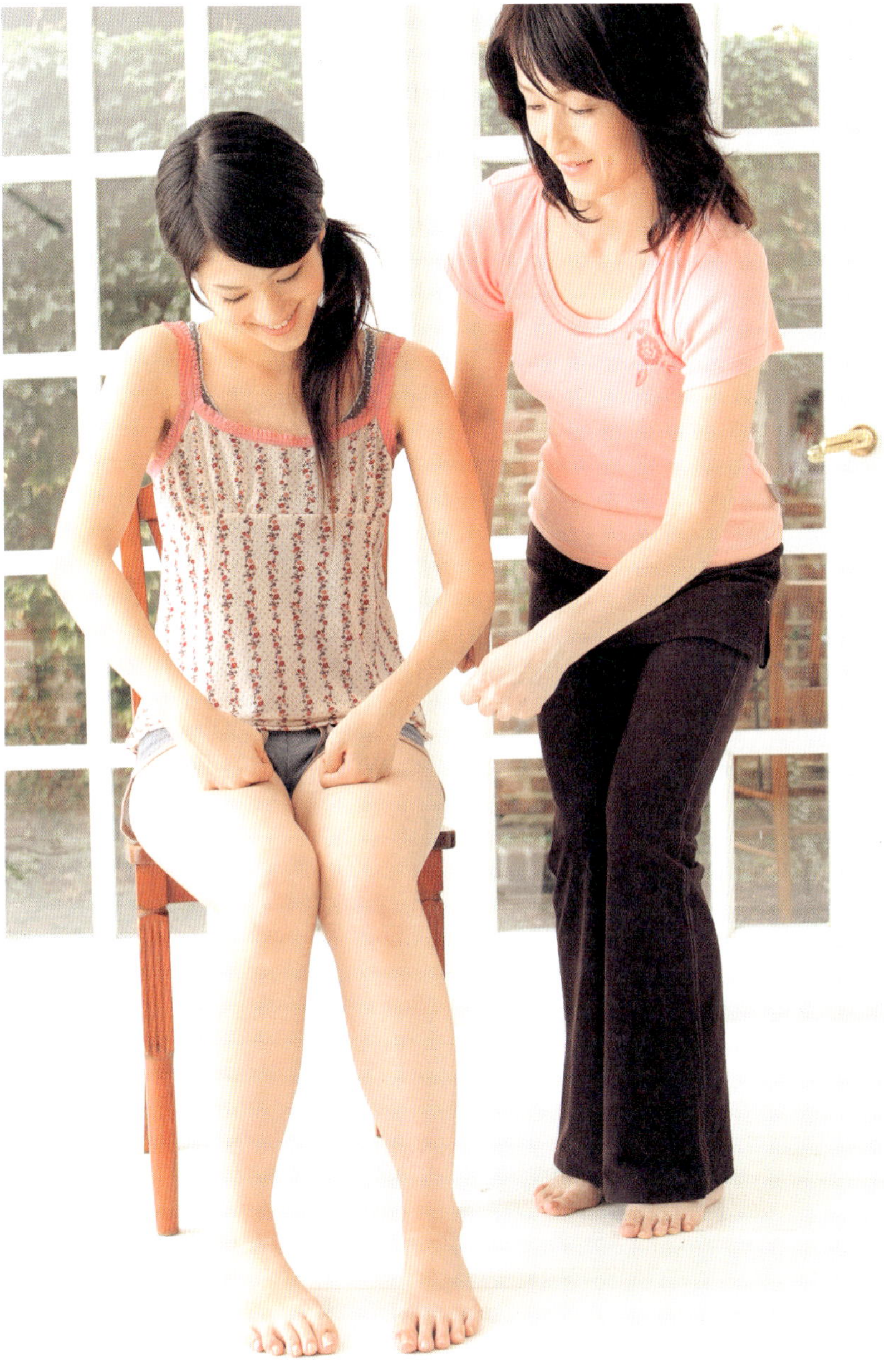

① 前ももとそけい部をプッシュする

イスに座り、前ももをパンチプッシュします。ひざから太ももの付け根まで、5カ所均等に押しましょう。そして、脚の付け根の外側から内側に向かって、そけい部を5カ所均等に親指プッシュします。

1回

PUSH POINT

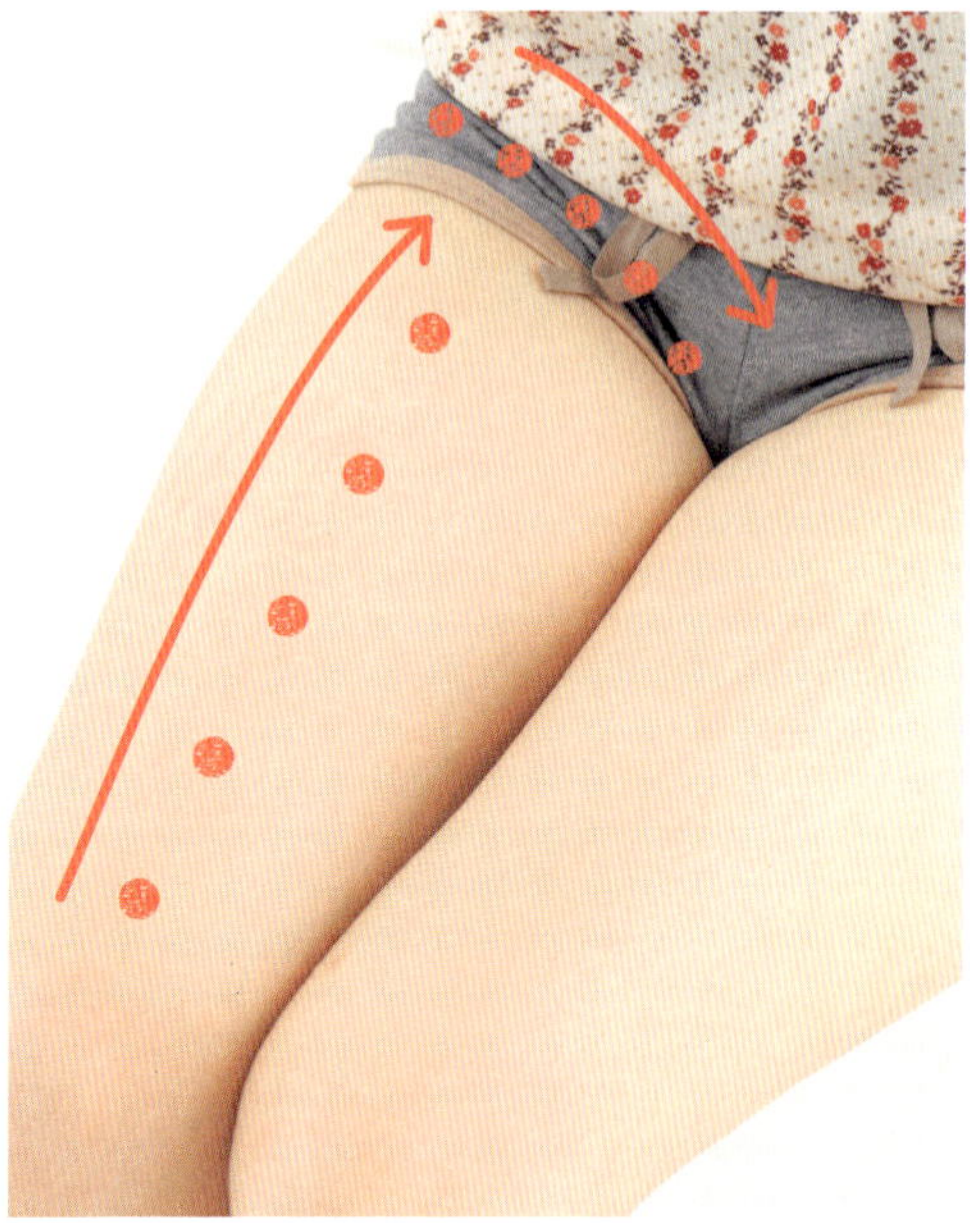

張りやすい前ももは、ゆっくりと深く圧力をかけて

前ももは筋肉が大きく、しかも張りやすい部位。体重をかけながら、太ももの深部までゆっくりジワーッと圧力をかけましょう。そけい部はリンパが集中しているので、しっかりプッシュして刺激を。代謝がグンとアップし、体内のデトックス効果が高まります。

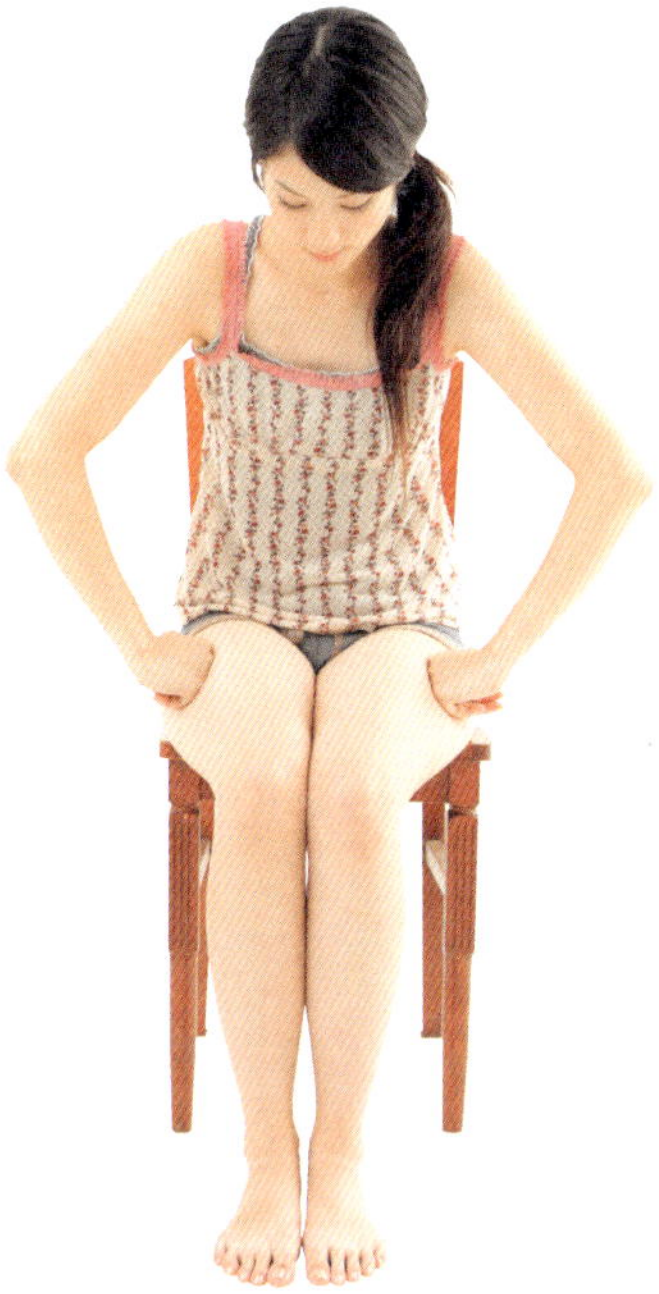

② 外ももをプッシュする

太ももの外側をパンチプッシュします。ひざから太ももの付け根まで、5カ所均等に押します。

1回

PUSH POINT

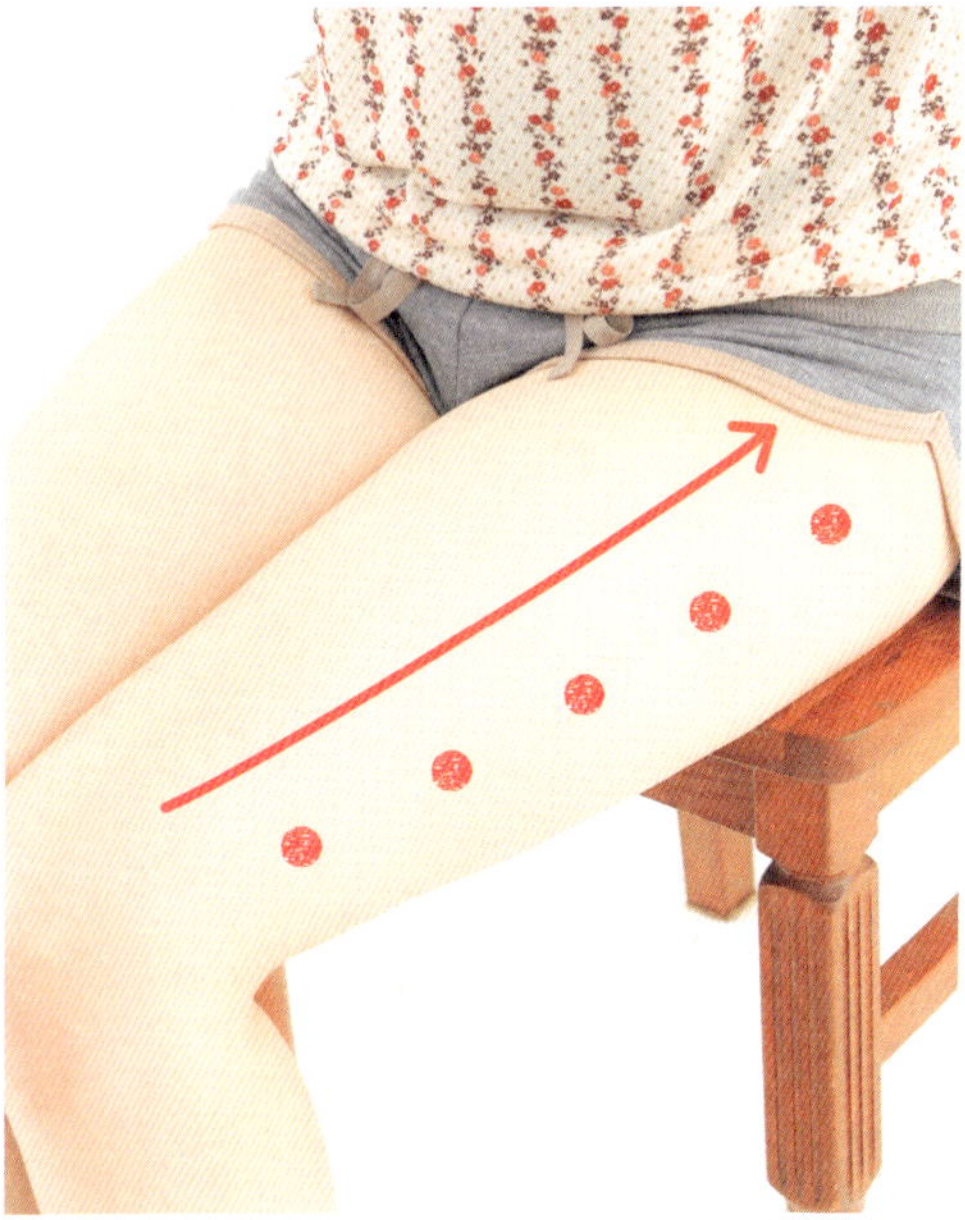

左右の手で太ももを挟み込むようにしながら均等にプッシュを

前ももと同様、外ももは張りやすい部分です。ひざから太ももの付け根まで、左右の手で挟み込むようにしながら、ゆっくりと均等に圧力をかけましょう。

③ 内ももをプッシュする

左脚の太ももの内側をパンチプッシュします。ひざから太ももの付け根まで、5カ所均等に押します。右脚も同様に。

CHECK!
外ももに反対側の手を添えながら行うとやりやすい

左右 1回ずつ

PUSH POINT

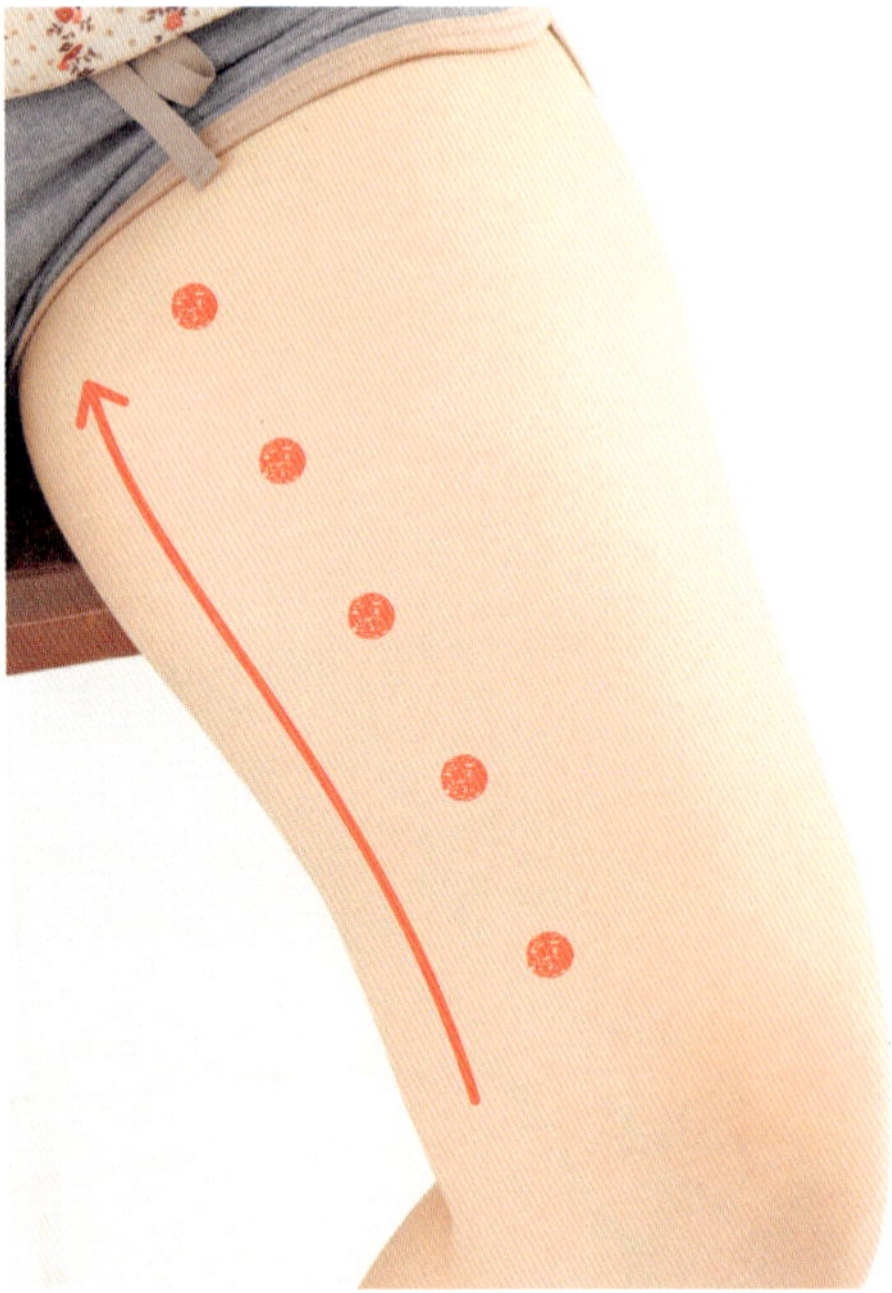

じっくりていねいにプッシュして、脂肪分解＆リンパの流れを促進

内ももは、脂肪が蓄積してぷよぷよになりやすい部位。体重をかけながら、ゆっくりていねいにプッシュしましょう。圧力をかけることによって、脂肪が分解されやすくなります。さらに、リンパの流れが促進されるため、分解物（老廃物）が体外に排出されやすくなる効果も。

④ 後ろももをプッシュする

手をパンチの形にし、太ももの後ろ側に当たるように座面に添えます。ひざ裏から太ももの付け根まで均等に5カ所、体の位置をずらしながら体重をのせていきます。

CHECK!

座面に手が当たって痛いときは、バスタオルをしいて

1回

PUSH POINT

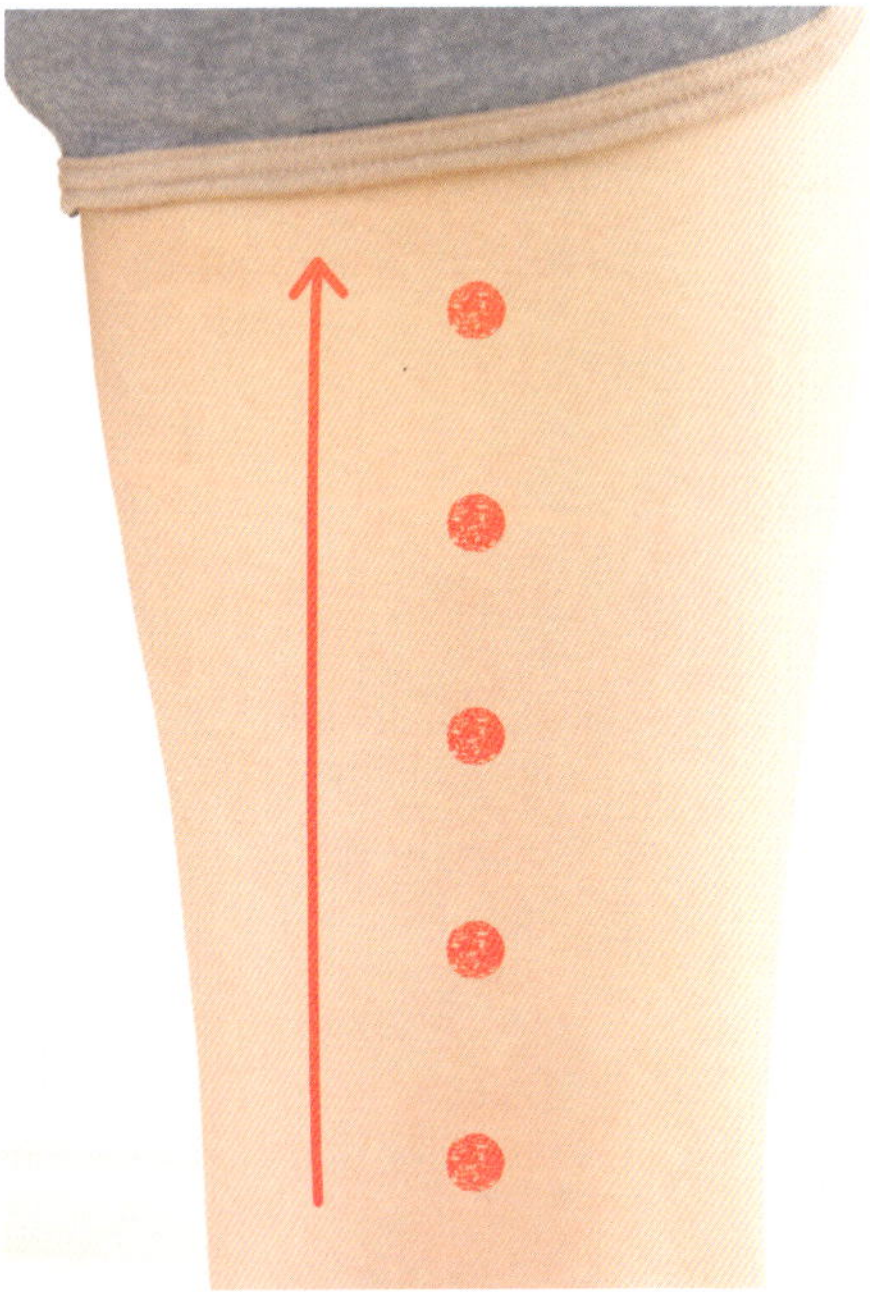

自分ではなかなか力を入れにくいゾーン。上半身の体重を活用して

後ろももは美脚づくりでも大切なゾーン。脂肪が溜まりやすく、ちょっと油断すると、おしりとの境目がない、いわゆる〝オバサン尻〟に。とはいえ、自分ではなかなか力をかけにくい場所なので、体重を利用してしっかりプッシュしましょう。

Push Exercise

火曜日

太もも

前ももの張りをとりのぞく

火曜日は、さらに重点的に前ももの張りをとるエクササイズを行います。イスに片方の脚を曲げて座った状態で、前ももをプッシュします。筋肉を伸ばした状態で深い圧力を加えるので、張りがグンととれます。

左右の脚で曲げにくいほうがある人は、骨盤の高さが左右で違う可能性があります。また、左右で太ももの張り具合が違う人は、日頃の生活で片方の脚ばかり使っている可能性があります。いずれも、やりにくいほうをプラス3回行うようにしてください。左右差の矯正になります。

このエクササイズがキツい人は、猫背の状態で股関節から下でチョコチョコ歩くクセがついている証拠。日頃から姿勢を正して、大股で歩くように心がけましょう。

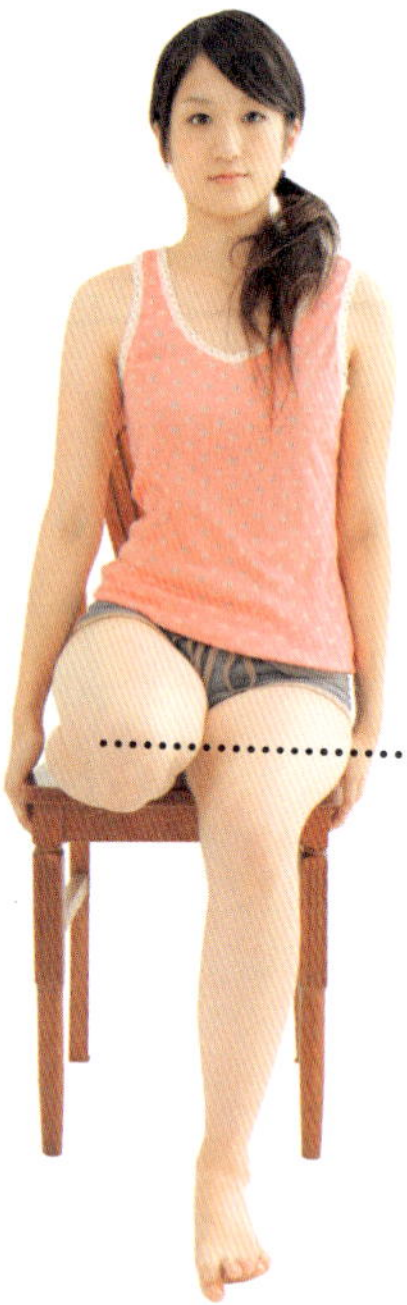

① 右脚を曲げて座る

右脚を曲げてイスに座ります。

CHECK!
かかとはおしりの真下にくるように

② 手こんぶでプッシュする

そのまま、右脚の前ももを手こんぶプッシュします。ひざから太ももの付け根まで、5カ所均等に押します。左脚も同様に。

左右
5回ずつ

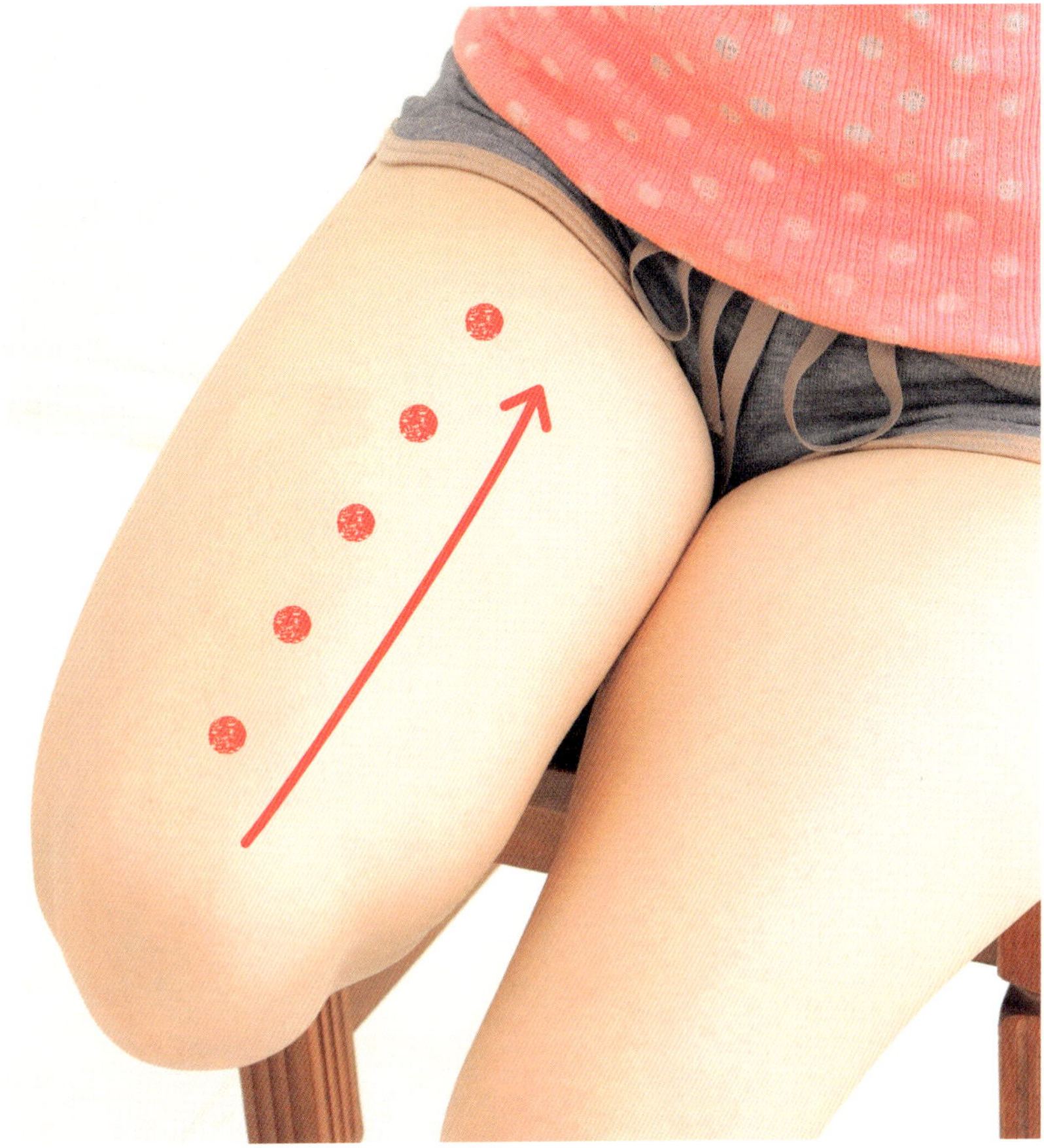

PUSH POINT

ひざまわりの贅肉《ぜいにく》が気になる人は
ひざ上を意識するとスッキリ！

ひざが二段腹状態になっている人は、特に始点となるひざ上を意識しながら、きちんとプッシュしましょう。ポッコリついた脂肪が分解されやすくなり、ひざまわりが美しくなります。

Push Exercise

水曜日

太もも

外もものこわばりを解く

スクールにいらっしゃる女性で一番多い悩みが「外もものこわばり」です。実は、猫背の人も内股の人も外股の人もO脚の人も、例外なく外ももが張りやすい。なぜなら、骨格が崩れた状態のまま日常生活を行うと、体が無意識にバランスをキープしようとするため、どうしても重心が外側になってしまうのです。重心が外側になると、それを引っ張るように外側の筋肉ばかりが使われるのでこわばります。そして、太もものなかでも外側の張りはとりのぞくのが難しいところなのです。この機会に、徹底的にほぐすようにしましょう。なお、両脚を左右に倒すプロセスで、やりにくいほうがあれば、腰椎《ようつい》がねじれている可能性があります。やりにくいほうをプラス3回行うようにしてください。ねじれ解消になります。

① 床に座り、ひざを立てる

床に座り、両ひざを立てます。

CHECK!
上半身は両手でしっかりキープして

② 左側に両ひざを倒す

上半身をキープしながら、左側に両ひざをバタンと倒します。

CHECK!
勢いよく、床にひざを打ちつけるように

③ 外ももをプッシュする

右手で右側の外ももをパンチプッシュします。ひざから太ももの付け根まで、5カ所均等に押します。左脚も同様に。

左右
5回ずつ

PUSH POINT

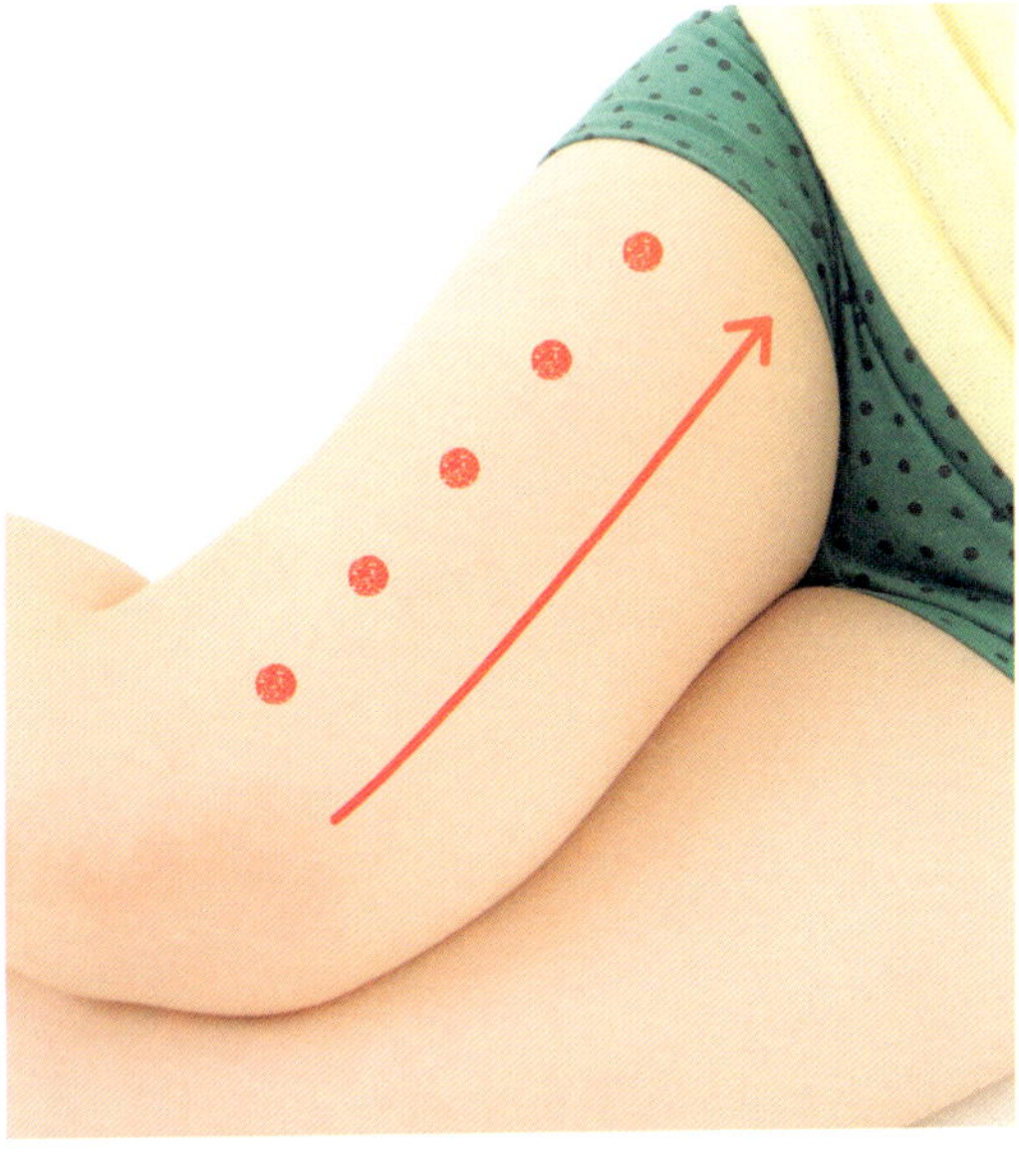

一筋縄ではとれない外ももの張り。気合いを入れて圧力をかけて

脚にトラブルを抱えている人は例外なく外ももが張っています。この張りをとりのぞかないまま筋トレで太ももを引き締めたとしても、バランスの悪い、いびつな形になりかねません。ひざ上から太ももの付け根まで、徹底的にほぐすようにしましょう。

Push Exercise

木曜日

太もも

内もものぷよぷよを撲滅する

脂肪がつきやすい内ももを引き締めるエクササイズに入ります。ひざの真上で両脚を交差させ、手こんぶプッシュをしながらお互いの脚で押し合います。けっこうキツいですが、シャープな脚を思い描きながらトライしましょう。

また、左右の脚で交差しにくいほうがあれば、骨盤が左右にねじれている可能性があります。やりにくいほうをプラス3回行うようにしてください。骨盤のねじれ矯正になります。

木曜日は中だるみしやすい頃ですが、ここまで続けてきた人は確実に美脚へと近づいているはずです。今が踏ん張りどころ。頑張って！

① 脚を組む

イスに座り、ひざの真上で両脚を組みます。

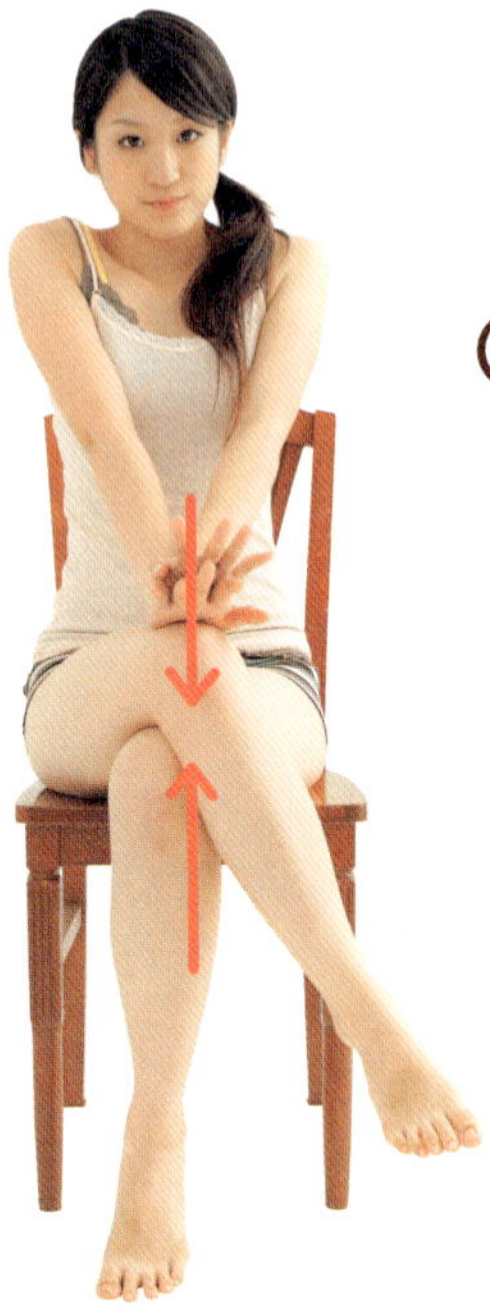

10 sec

② ひざをプッシュしながら、左右の脚を押し合う

ひざを両手で手こんぶプッシュしながら、左右の脚を10秒間グーッと上下に押し合います。このとき、背中が反《そ》らないように注意して。反対側も同様に。

左右
5回ずつ

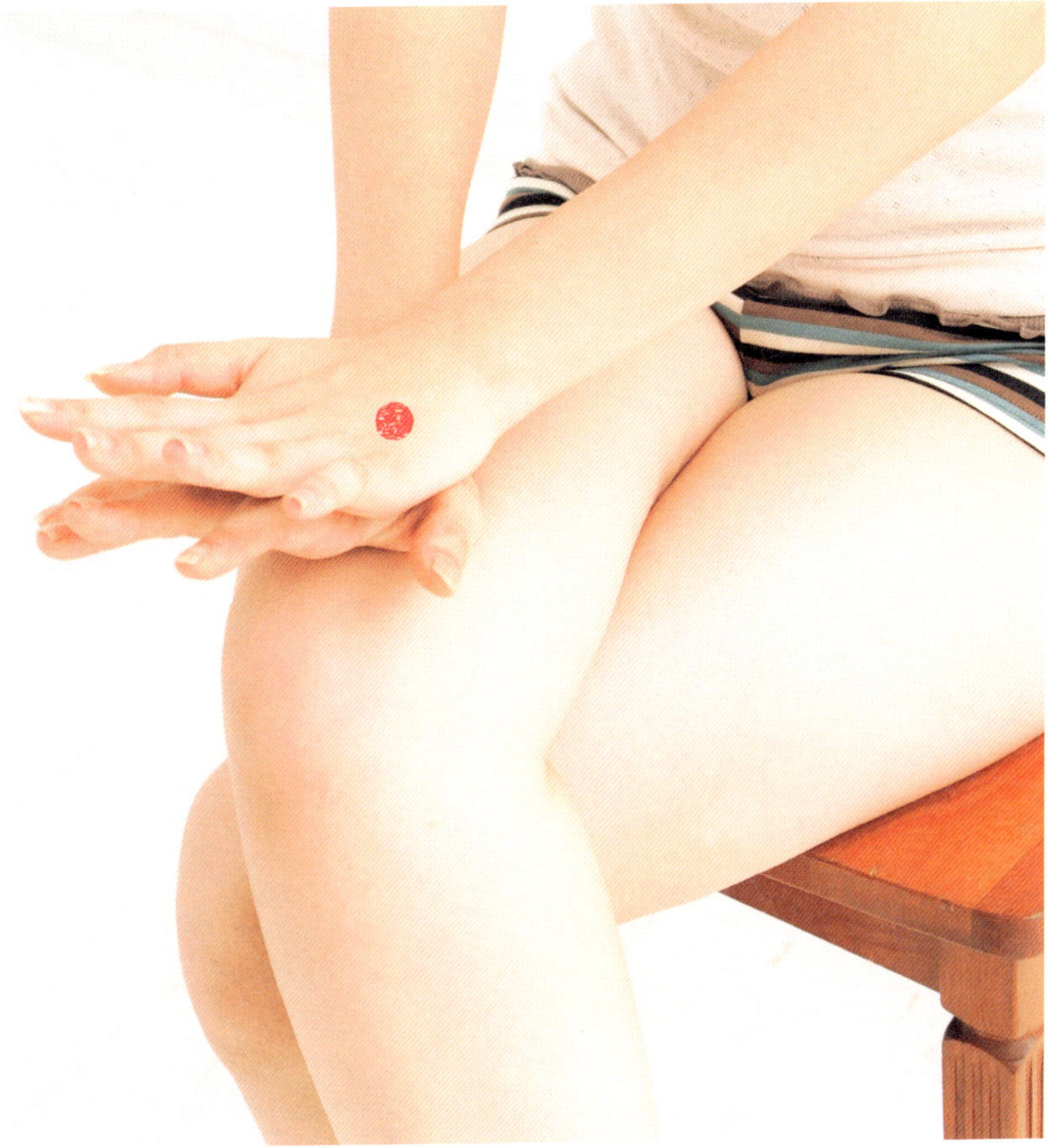

PUSH POINT

両手で垂直に手こんぶプッシュ。筋トレ度がアップしてほっそりとした内ももに

左右の手を重ね、ひざ上の１点を集中的に押します。これは、わざと負荷をかけて下から上へと脚をもちあげにくくするため。内ももの筋トレ度が上がるので、脂肪が燃焼しやすくなります。たるみのない、スーッと伸びた脚を目指して。

Push Exercise

金曜日

太もも

後ろもものたるみをピシッと引き締める

最後は、後ろももからヒップ、背筋までのラインを鍛えます。うつぶせになって両脚を交差し、股関節の横にある骨の出っ張り（大転子《だいてんし》）をプッシュしながら上体を起こします。大転子が内側にグッと入り、骨盤がキュッと引き締まるのが手の感触からわかるはずです。つまり、「あ、大転子が入るから骨盤が締まるんだ」と意識をもっていただきたいのです。意識すれば、体と感覚のズレが小さくなっていく。そうすると、同じエクササイズでも、より体に効かせることができるわけです。

脚の交差の仕方によってやりにくいほうがあれば、筋力に左右差があると考えられます。やりにくいほうをプラス3回行うようにしてください。バランスのよい太ももとヒップを手に入れることができます。

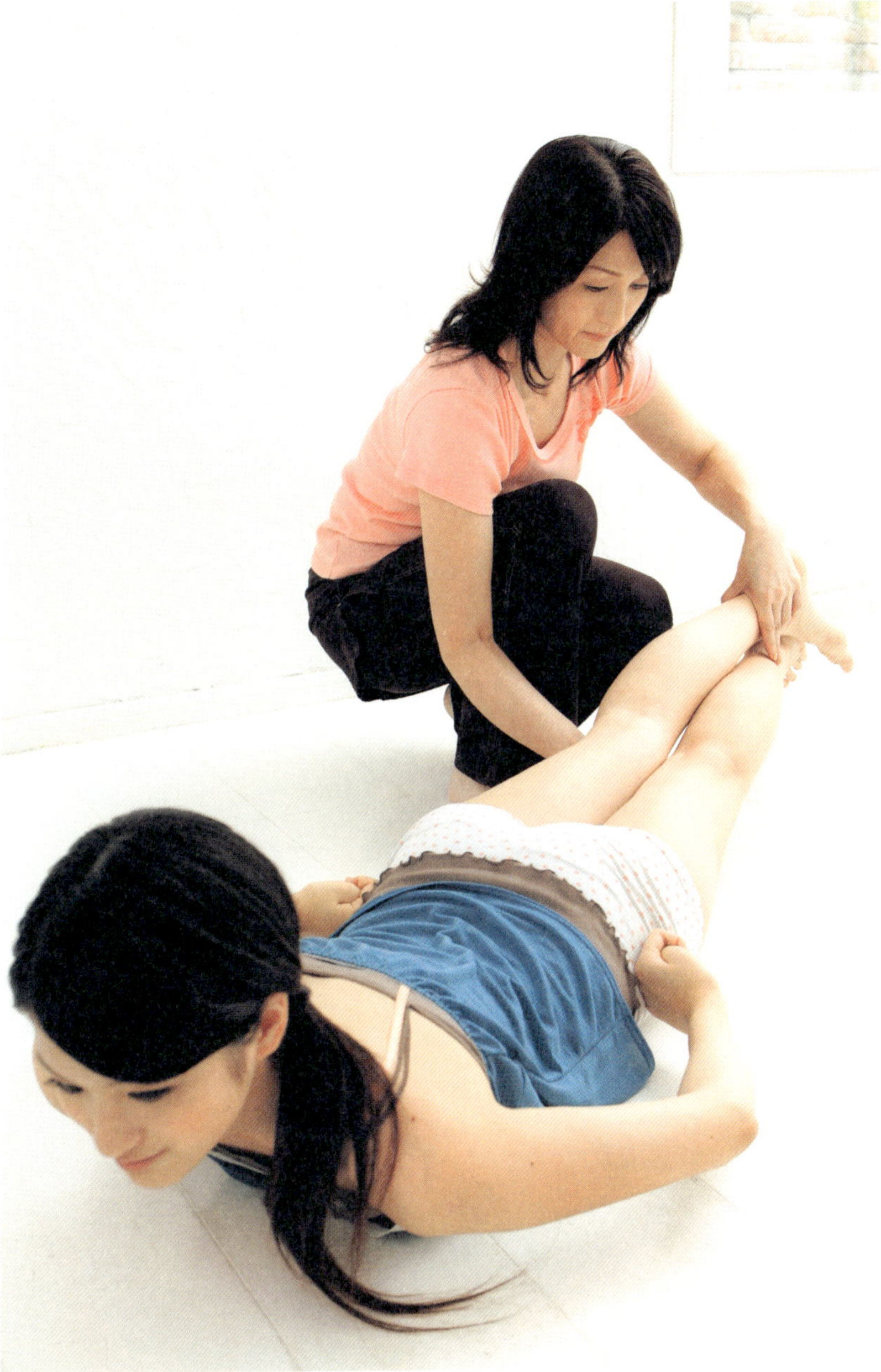

① うつぶせになる

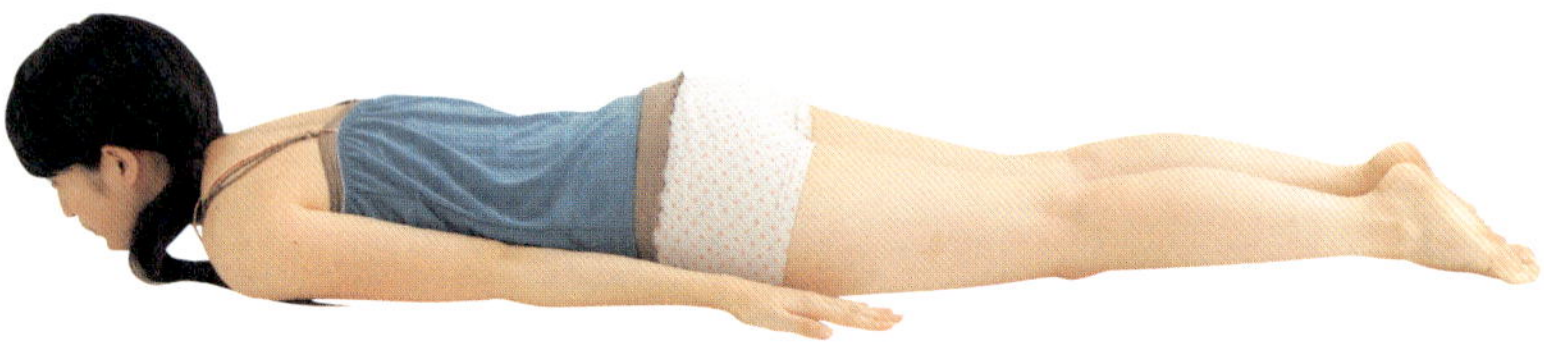

② 大転子をプッシュする

右脚を上にして交差させ、股関節の横にある骨の出っ張り（大転子）をパンチプッシュします。

③ 上体と脚を上げる

ゆっくりと上体と脚を上げて5秒キープし、ゆっくりと下ろします。左脚を上にして交差させた状態でも同様に。

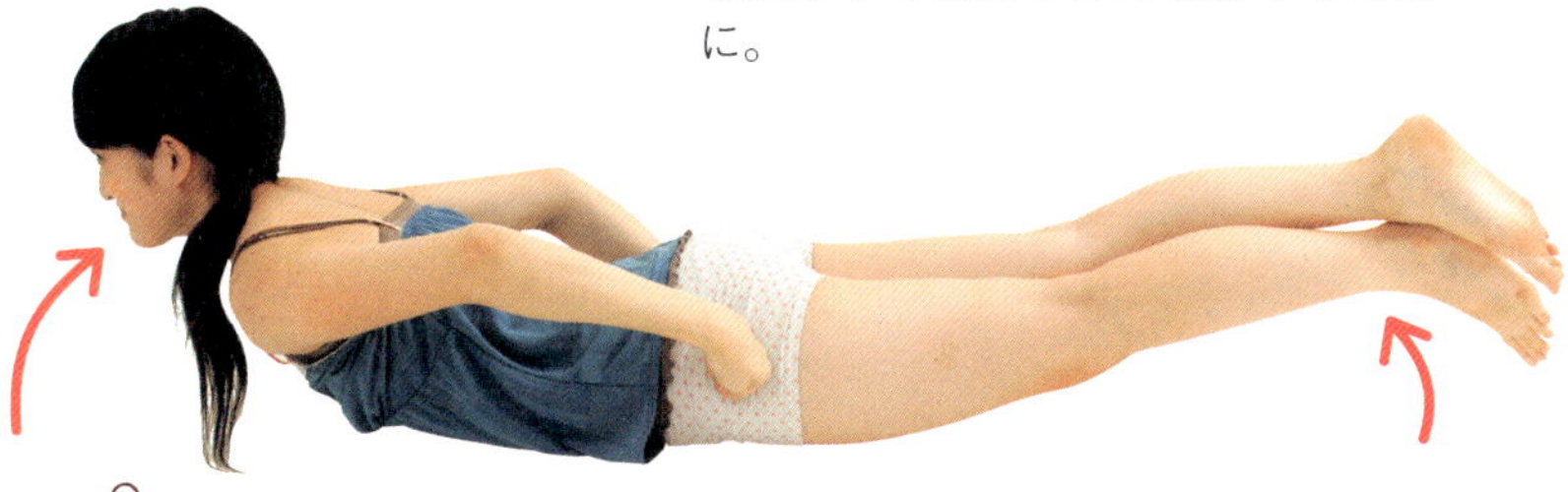

5 sec

左右 3回ずつ

PUSH POINT

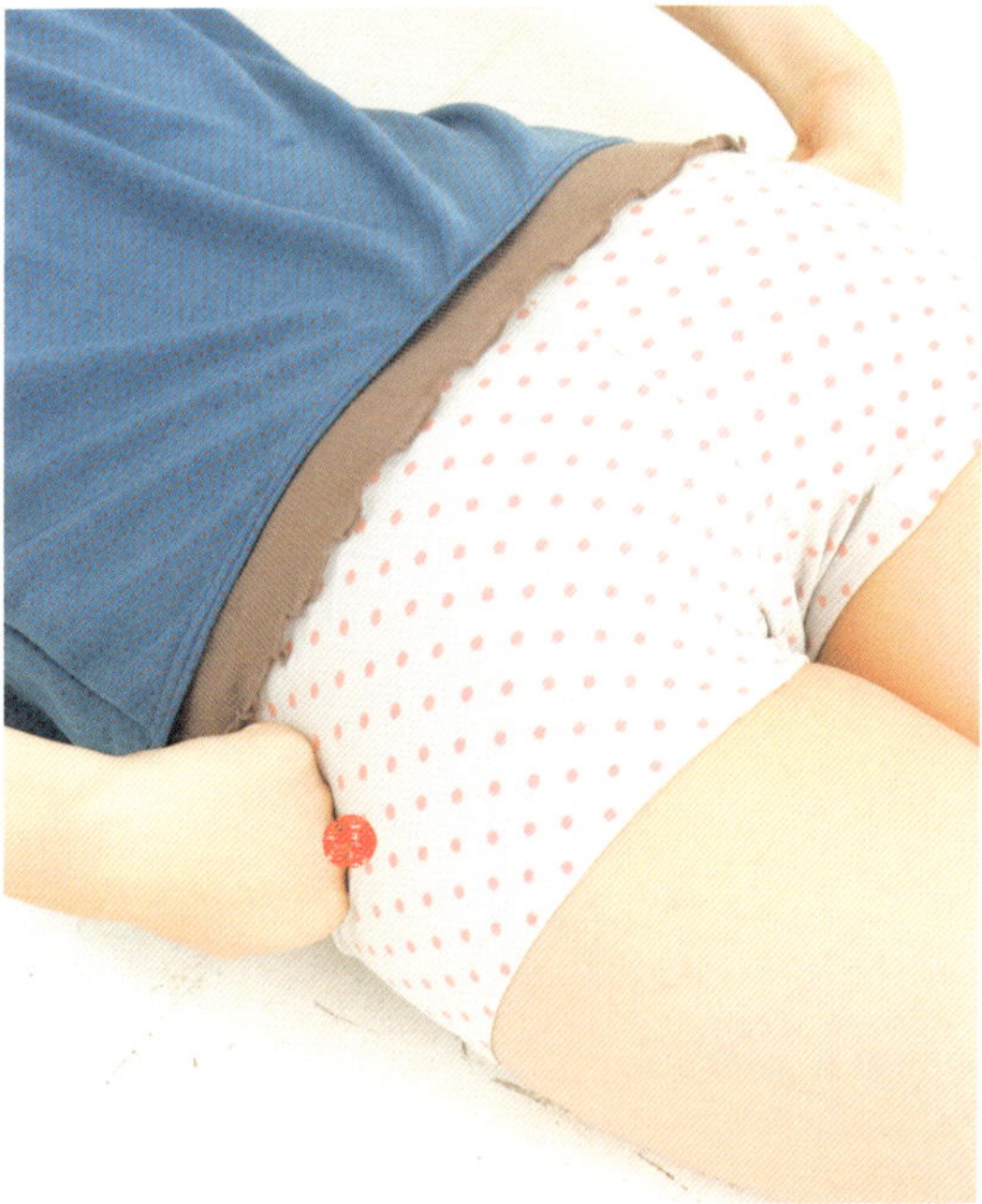

大転子の動きを意識しながら

股関節の横にある骨の出っ張り（大転子）は、おしりから太もも後ろ側を美しく形づくる美脚ポイント。しっかりプッシュして動きを意識して。

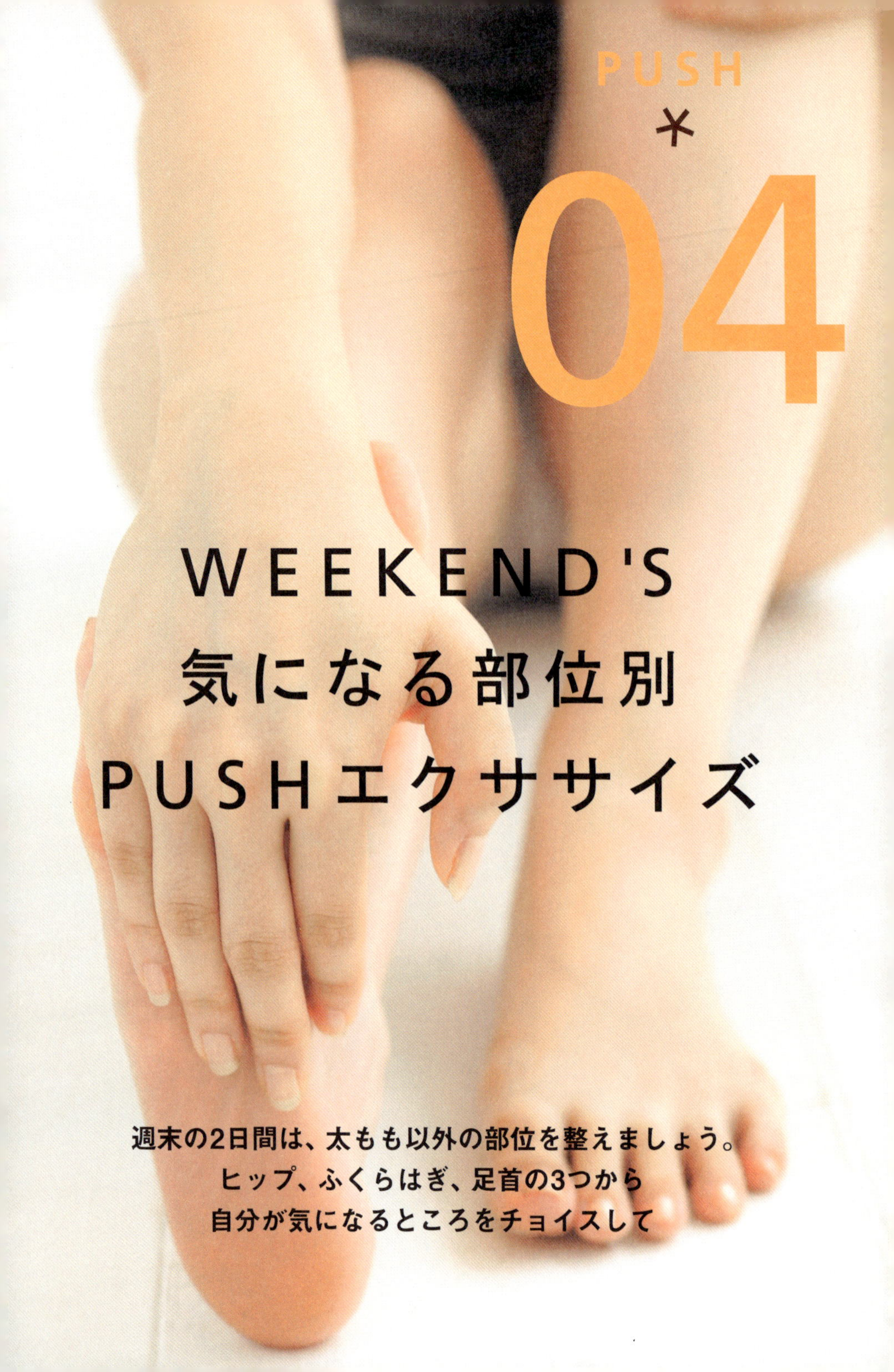

PUSH

＊

04

WEEKEND'S
気になる部位別
PUSHエクササイズ

週末の2日間は、太もも以外の部位を整えましょう。
ヒップ、ふくらはぎ、足首の3つから
自分が気になるところをチョイスして

週末は美脚づくりのチャンス！

「週末くらいエクササイズはお休みしてもいいかな」
「今日は疲れたし、１日お休みして、明日２倍やればいいかな」

どちらも大間違いです。私たちの筋肉は日々活性化していて、毎日コツコツ、１回でも１分でもプッシュエクササイズを行って筋肉に刺激を与える必要があります。さらに、疲れているときこそエクササイズをすれば、血液＆リンパの循環がよくなり、かえってスッキリするのです。

週末は時間に余裕があります。これから紹介する、ヒップ、ふくらはぎ、足首のエクササイズから自分が気になる部位をチョイスして、キレイな脚を手に入れましょう！

Push Exercise

週末 ヒップ

キュッと締まった上向きのヒップをつくる

多くの女性は、外重心で骨盤が横に開いています。そのため、いびつに広がり、太ももとの境目のないヒップに。

キュッと締まった上向きのヒップを手に入れるためには、２つの段階に分けてエクササイズを行うことがポイントです。最初のステップで骨盤のゆがみやコリをほぐし、次のステップで引き締めの筋トレを行います。本書でもエクササイズを２つのステップで載せているので、ぜひセットで行ってください。

また、日常生活でも、たとえば信号待ちのときにヒップをキュッと締めるように意識を。それだけでもヒップの筋力を使うので、引き締め効果に弾みがつきます。

PROCESS-STEP1 週末

キュッと締まった上向きのヒップをつくる

① あおむけになり、左脚を曲げる

あおむけになり、左脚を内側に曲げます。

② ひざをかかとプッシュする

右脚のかかとを左脚のひざの上にのせて5秒間プッシュします。痛みを感じたら無理をしないで。反対側も同様に。

5 sec

CHECK!

腰が浮かないように

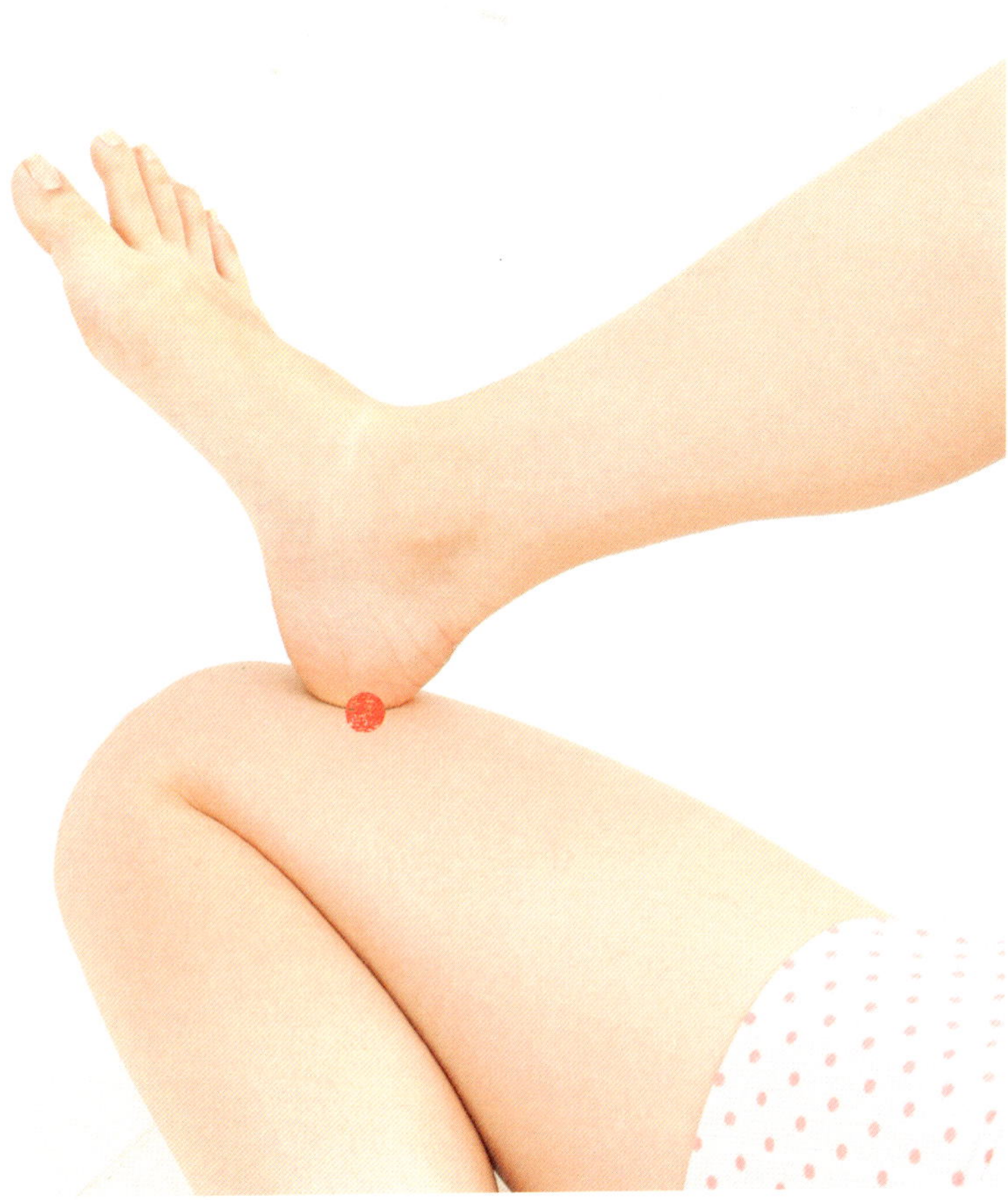

PUSH POINT

ひざ上の1点プッシュで
サビついた骨盤をゆるめて

骨盤がサビつくと、ヒップや脚に悪影響を与えます。ひざをM字に曲げ、さらにかかとで負荷をかけて、日頃使われにくい内側の方向へ押しつけるようにしましょう。骨盤まわりがより深くゆるみます。

PROCESS-STEP2 週末

キュッと締まった上向きのヒップをつくる

① あおむけになり、
左ひざを立てる

② 右脚を
左ひざの上にのせる

③ そのまま上体を
上げる

④ おしりのほっぺをプッシュする

おしりのほっぺをパンチプッシュし、そのまま5秒キープします。左脚も同様に。

5 sec

CHECK!
脚が開かないように注意して

左右 3回ずつ

PUSH POINT

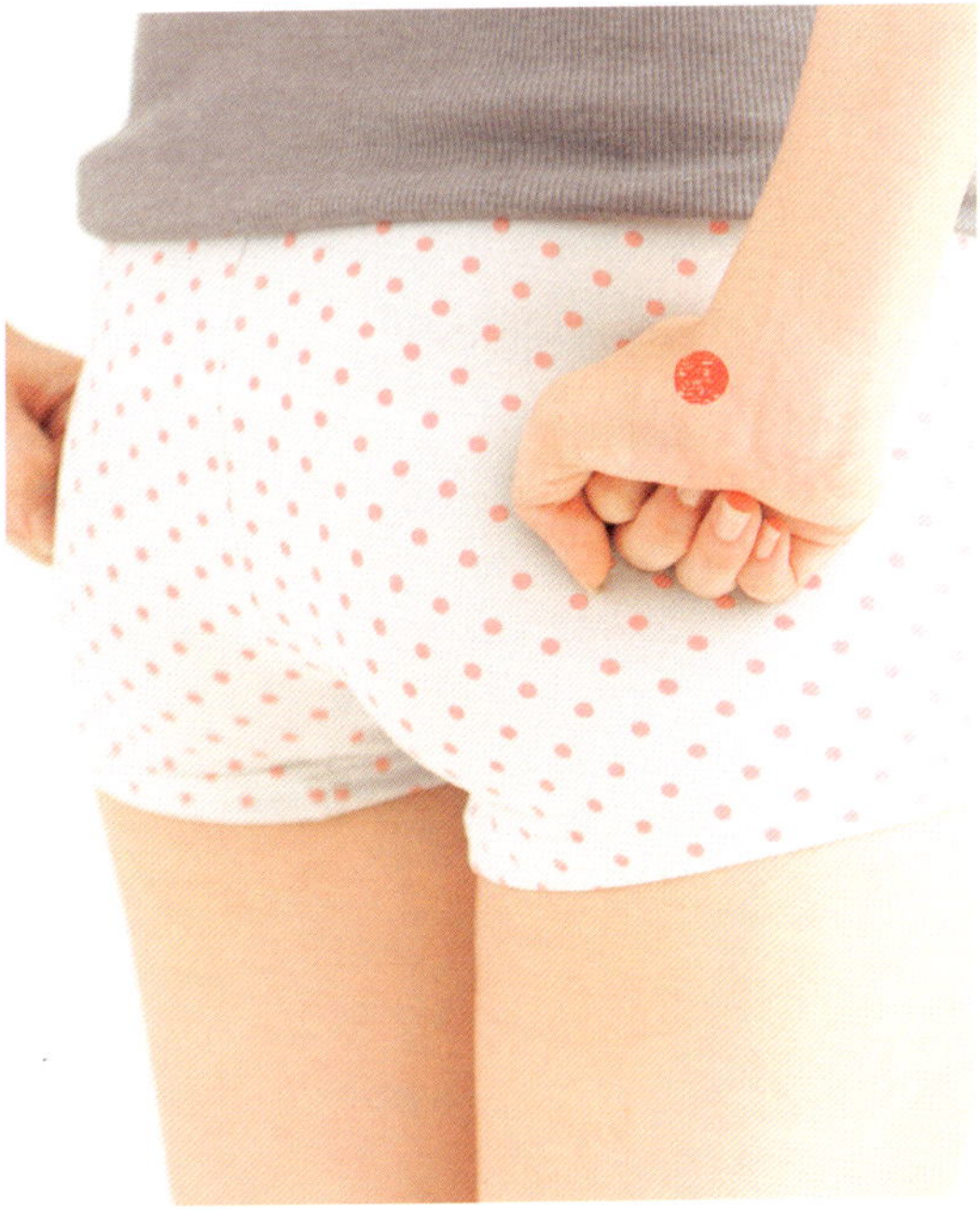

ヒップがキュッと締まった状態をプッシュの感触で感じて

おしりのほっぺとは、大転子の真横にあるへこんだ部分。ヒップをキュッと締めることで、大転子の出っ張りが骨盤の中にグッと入り込みます。しっかりプッシュして、この動きを意識して。

Push Exercise

週末

ふくらはぎ

ふくらはぎを細くする

ふくらはぎが太くなる原因は、おもに2つあります。

ひとつは「姿勢の悪さ」。猫背になると、私たちの体はバランスを保つためにひざを曲げるようにします。すると、ふくらはぎがゆるみ、均等に筋肉がつかなくなって脂肪がつきやすくなります。

もうひとつは「過剰な運動」による筋肉太りです。この場合は、バランスの悪い土台に硬い筋肉がついているので、しっかりゆるめる必要があります。

ふくらはぎの筋肉を伸ばしてさらに圧力をかけるプッシュエクササイズは、脂肪太りの人は脂肪分解の促進に、筋肉太りの人は筋肉をゆるめる効果があります。どちらのタイプの人も、ぜひトライしてください。

① 厚みのある本に足先をのせる

3cmほどの厚みのある本などを床に置き、足先をのせます。

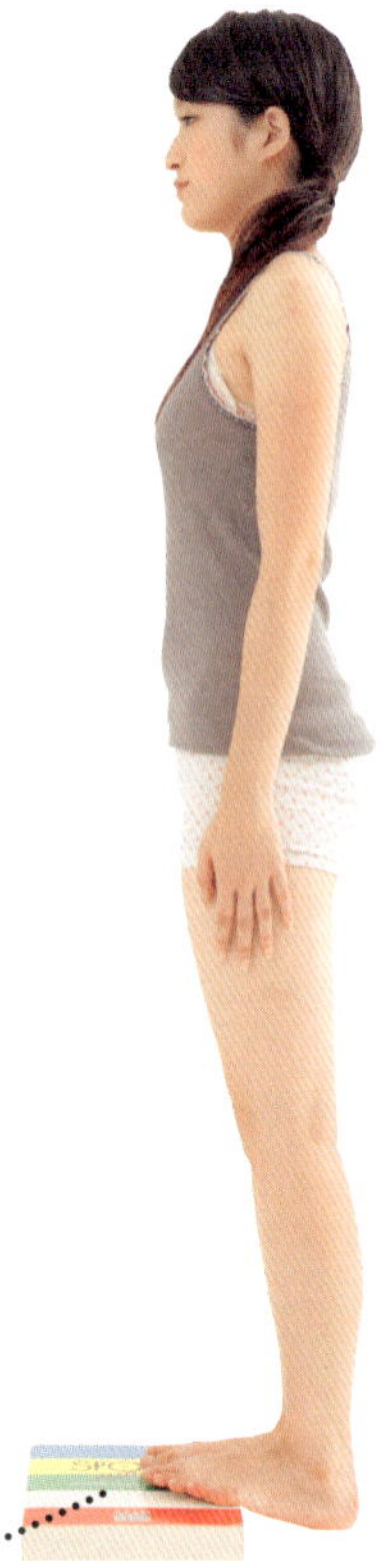

CHECK!

上体を倒したときに、ふくらはぎにピリピリと痛みを感じる程度の高さで

② ふくらはぎをプッシュする

上体を倒し、足首からひざへ向かって、ふくらはぎを均等に5カ所、パンチプッシュします。体が硬い人は、ひざを曲げてもOK。

3回

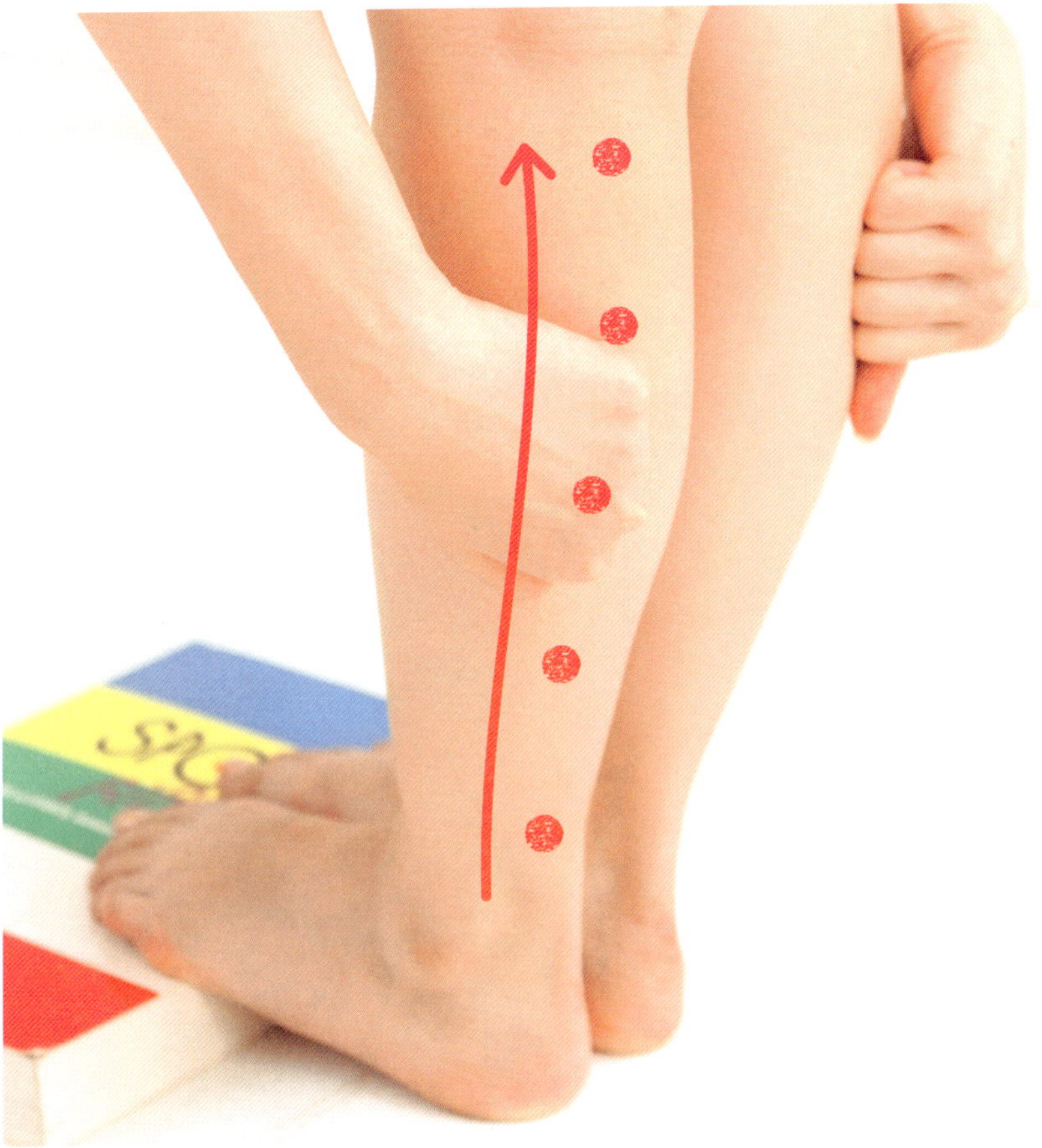

PUSH POINT

ガンコな脂肪や筋肉の塊を押し潰しながらほぐすイメージで

ふくらはぎには、ヒラメ筋や腓腹筋《ひふくきん》という筋肉がついています。ところが、ひざが曲がっていると、これらの筋肉がすべてゆるんでしまうため、ボテッとした、いわゆる「サリーちゃんの脚」状態に。パンチプッシュで、ふくらはぎ全体にグッと圧力をかけて、ガンコな脂肪の塊をほぐしましょう。運動のしすぎで余分な筋肉がついた人にも有効です。体が硬くて足首まで手が届かない人は、ひざを曲げても OK。

Push Exercise

週末

足首

足首の造形を掘り起こす

これまで私は、現代女性の脚を醜くしている元凶は姿勢の悪さである、と伝えてきましたが、その悪影響は足首まで及びます。というのは、猫背になると、体の構造上、骨盤を使わず股関節から下で歩くようになります。歩幅がせまく、足首を使わない、ペタペタとした歩きかたになるわけです。すると、足首に筋肉がつかず、リンパ&血液の流れも悪くなるので、むくんだり脂肪がつきやすくなります。これが、足首が太くなる大きな原因です。足首をグーッと伸ばすエクササイズで、フリーズした関節をほぐしていきましょう。コリ固まった足首の関節が少しずつ可動するようになります。また、普段の歩きかたにも注意を。背筋を伸ばし、かかとから地面に着地するように意識しましょう。

① 左脚はつま先を立てて曲げ、右脚を伸ばす

② 右脚のつま先を反らす

右手で右脚の指の付け根をもち、手こんぶプッシュで反らす。このまま5秒間キープ。つま先に手が届かない人は、ひざを曲げてもOK。

左脚も同様に。

左右
3回ずつ

5 sec

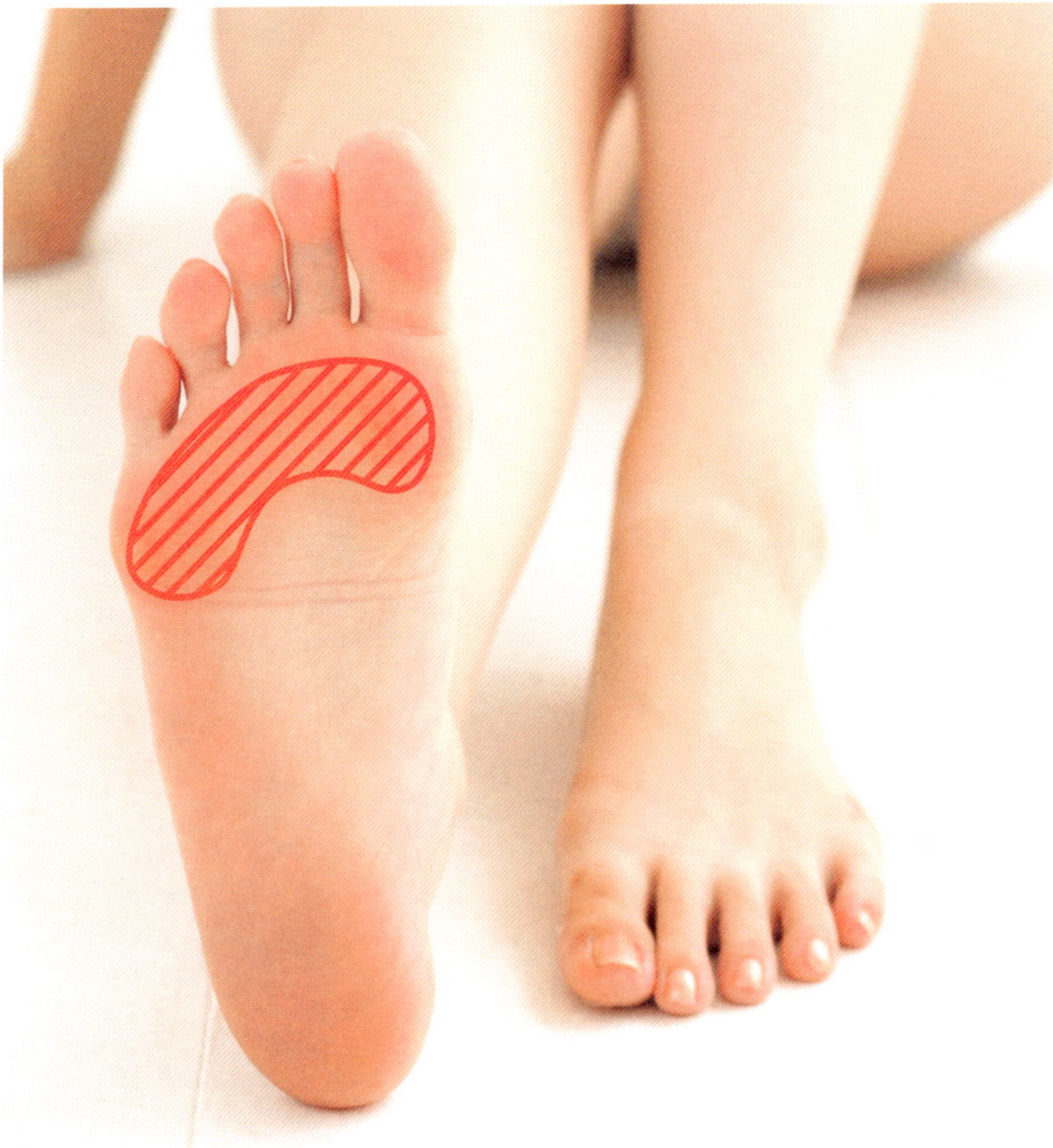

PUSH POINT

縮んでしまった足先を解放して、あらゆるトラブルをシャットアウト！

足をグッと反らせてプッシュすると、自然に指と指の間が開きます。ヒールなどで縮んでしまった足先を解放しましょう。ハンマートゥ、内反小趾《ないはんしょうし》、外反拇趾《がいはんぼし》の予防になります。さらに、血流＆新陳代謝がアップするので、冷えの解消やゴワゴワした角質をできにくくする効果も期待できます。

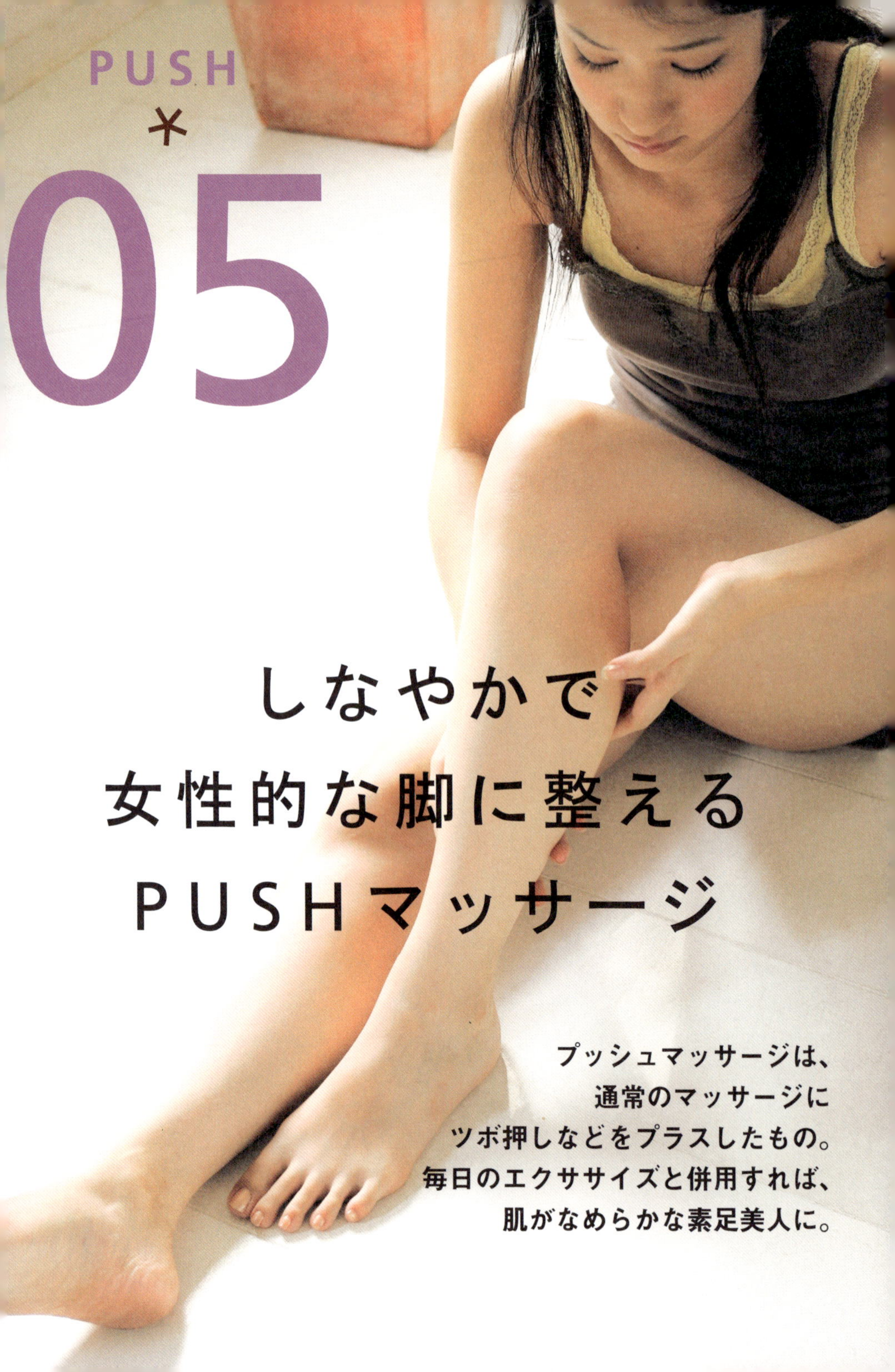

PUSH

*

05

しなやかで
女性的な脚に整える
PUSHマッサージ

プッシュマッサージは、
通常のマッサージに
ツボ押しなどをプラスしたもの。
毎日のエクササイズと併用すれば、
肌がなめらかな素足美人に。

解毒をうながし、脚にハリとうるおいを蘇らせる

プッシュマッサージでは、摩擦で肌をなめらかにし、やわらかい圧力でリンパ＆血液の流れを促します。また、ツボをプッシュすることによって内臓が刺激され、デトックス機能が高まります。行う時間帯は、基本的にいつでもOK。すきま時間に、脚を労るようにマッサージしてあげてください。クリームも自分が心地よいと思うものであれば何でも構いません。始点から終点まで、同じ力でていねいにもみほぐしましょう。

また、デトックス機能を高めるためにぜひ活用してほしいのがバスタイムです。15分の半身浴を最低でも2セット、合計30分してからマッサージを行うとよりよいでしょう。

Push Massage

足裏

よどんだ脚に「流れ」をつくる

足裏は「第2の心臓」と呼ばれるほど、全身の臓器のツボや反射区が密集しています。各部位のプッシュマッサージに入る前に、準備マッサージとしてぜひ行ってください。

なかでも、湧泉《ゆうせん》（土踏まずのやや上、窪《くぼ》んだところにあるツボ）とかかとの内側の付け根を結んだ線は「尿管《にょうかん》ライン」と言われるデトックスライン。時間がないときは、このラインだけでもプッシュして、老廃物がよどんだ脚に「流れ」をつくりましょう。

現代の女性は、とにかく脚が氷のように冷えています。プッシュマッサージで、下半身からジワッと汗が出るぐらい、脚の細胞を活性化させましょう。

PROCESS

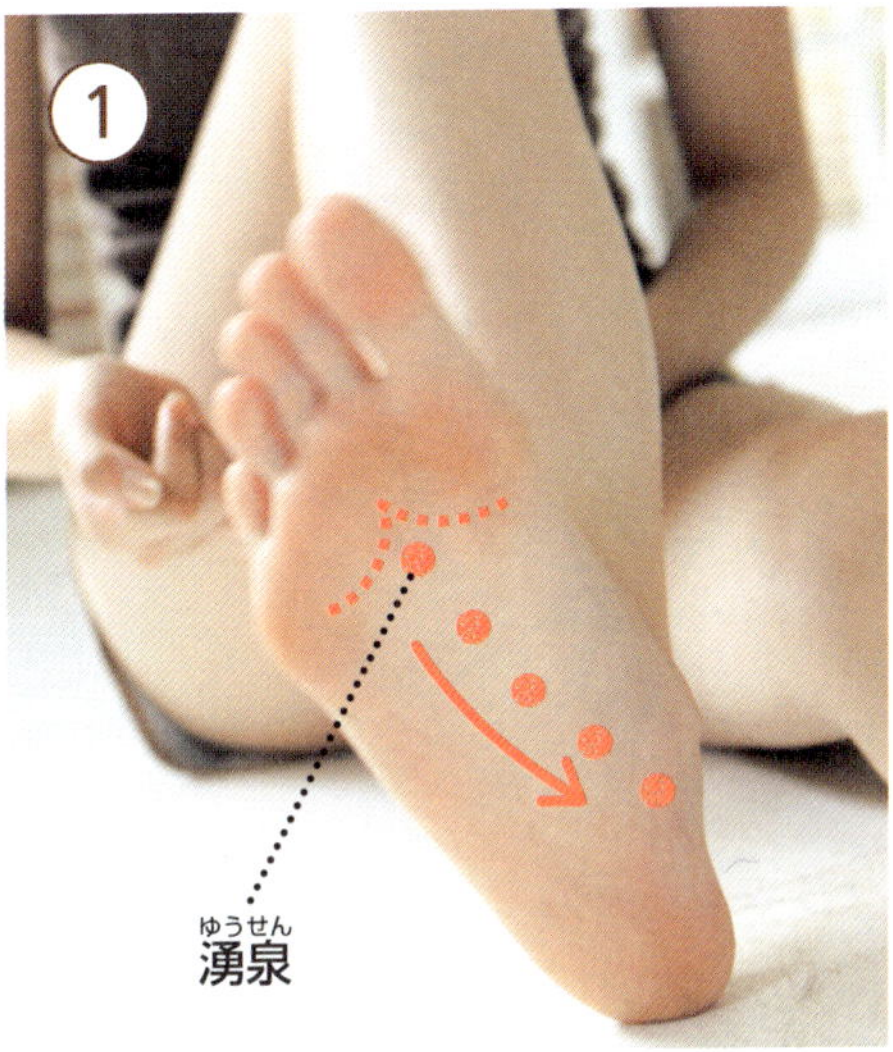

デトックスラインをプッシュする

湧泉《ゆうせん》（土踏まずのやや上、窪んだところにあるツボ）とかかとの内側の付け根を結んだデトックスラインを深くゆっくりと順番にプッシュします。

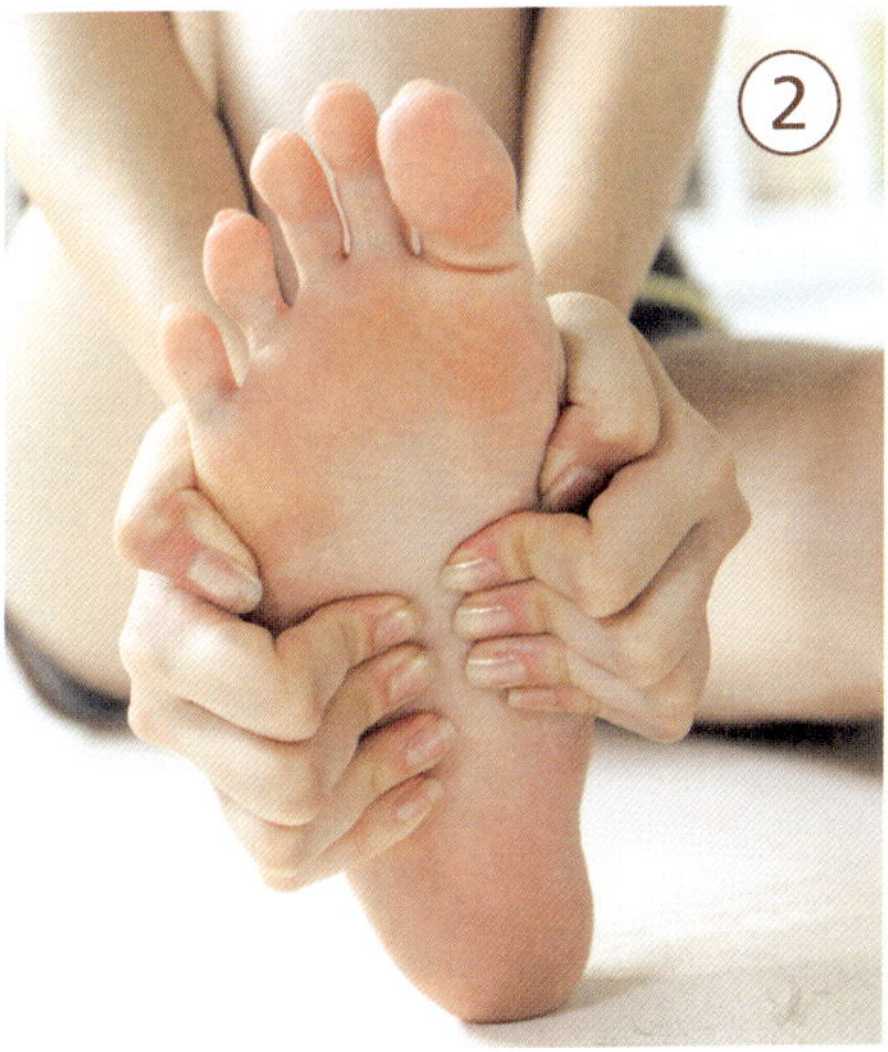

足裏全体をもみほぐす

足裏全体を両手でもみほぐします。

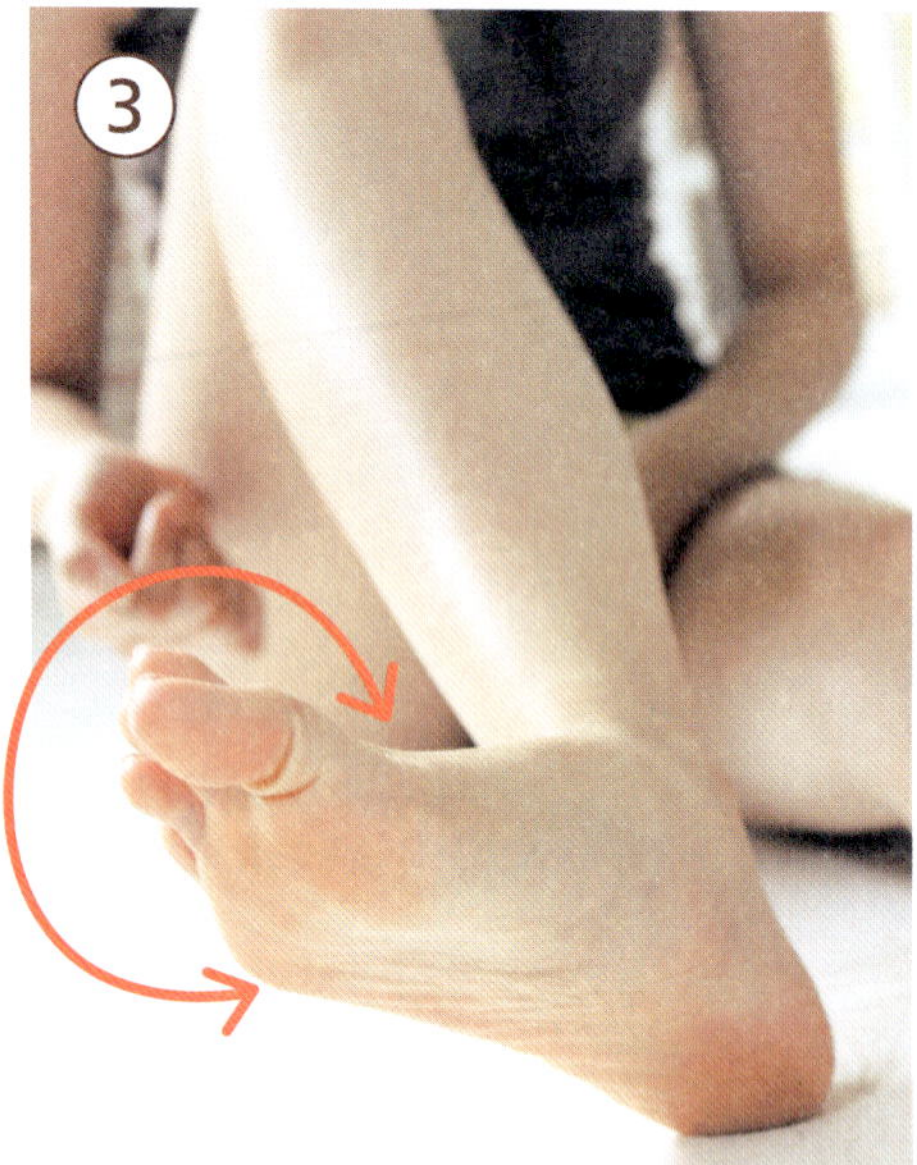

足首をまわす

足首をゆっくりまわします。外まわしと内まわしをそれぞれ4回行いましょう。

足首を前後に伸ばす

足先の甲の部分をもち、手こんぶプッシュでつま先をグーッと伸ばします。そして、足先の裏の部分をもち、手こんぶプッシュでグーッと手前に引きます。

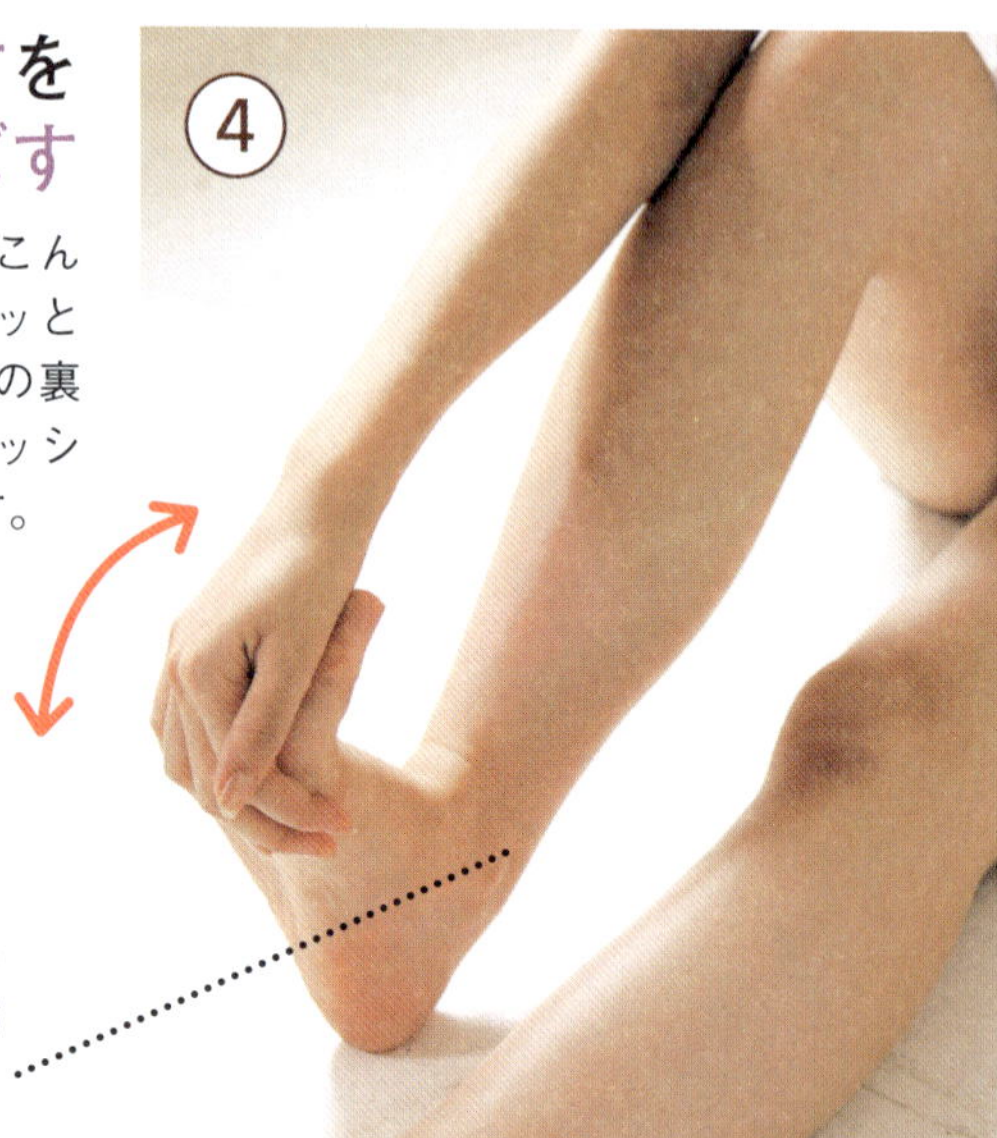

CHECK!

足の甲とアキレス腱がそれぞれ気持ちよく伸びるのを意識して

5

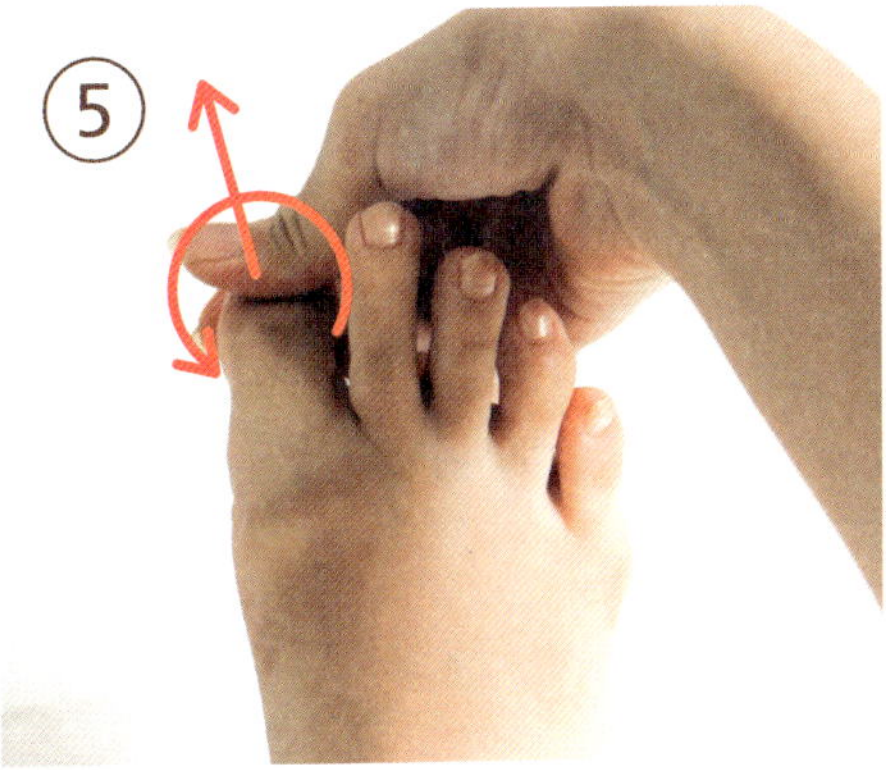

指をまわして引っ張る

指をまわして引っ張ります。親指から薬指まで順番に行いましょう。

6

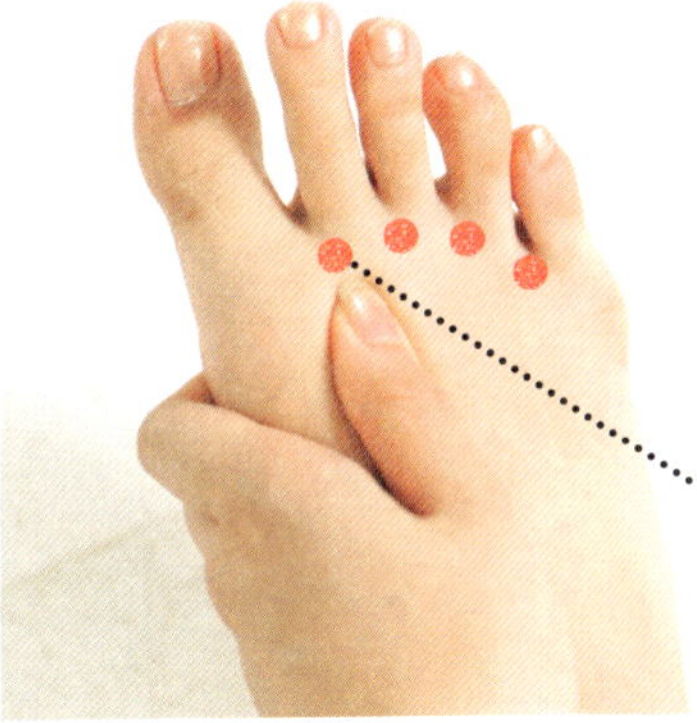

八風《はつぷう》

水かきをもみほぐす

5本の指の股にある、水かきを親指でグイグイともみほぐします。両足で8つあるツボで八風《はつぷう》といい、血行を促す働きがあります。

7

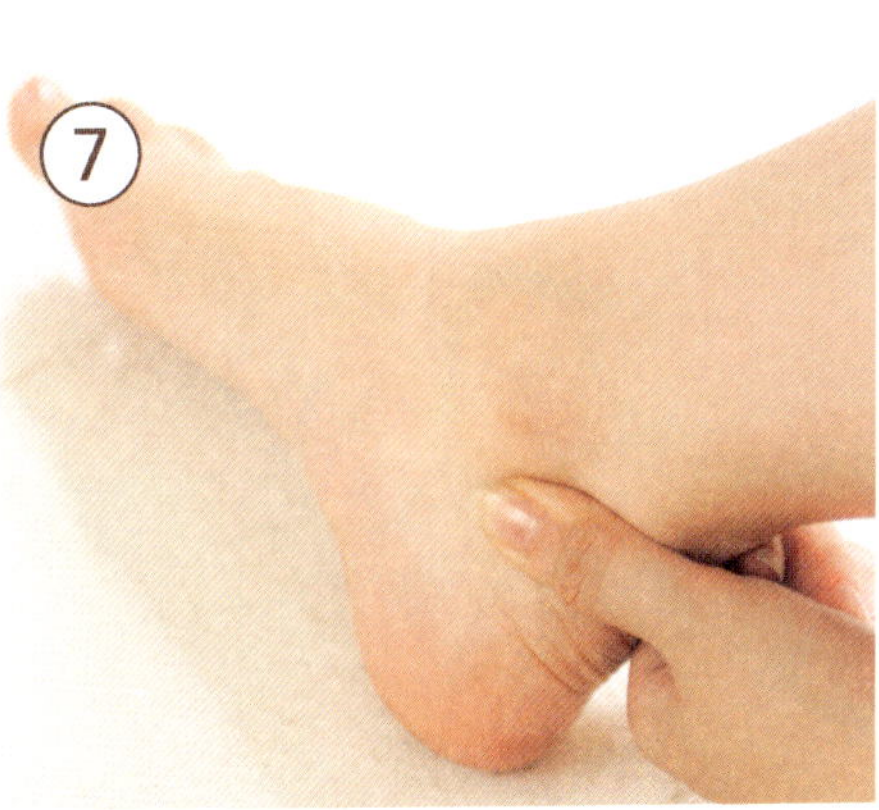

アキレス腱をもむ

アキレス腱をつまんで5～10回もみほぐします。

左右
1回ずつ

Push Massage

脚全体①

深層部に溜まった毒素を排出する

脚全体が太い人は、脚についた脂肪が冷え固まっていると言えます。たとえば、バターやラードなどの脂を思い浮かべてください。熱いフライパンの上では溶けて液体になりますが、冷えると固体になりますよね。ほぼ同じ現象が、脚の中で起こっているわけです。リンパの流れも停滞するため、このまま放っておくと慢性的な冷え性やむくみの原因になります。

脚全体を引き締めるためには、リンパ機能を高めるマッサージで脂肪分解物をスムーズに排出する経路を確保してから、脂肪を分解するマッサージを行うのがより効果的です。

本書でも、2ステップに分けてマッサージの紹介をしているので、ぜひあわせてトライしてください。

PROCESS

脚の後ろ側をプッシュする

アキレス腱から脚の付け根まで、脚の後ろ側全体を深くゆっくりとパンチプッシュします。

脚の内側をプッシュする

アキレス腱から脚の付け根まで、脚の内側全体を深くゆっくりとパンチプッシュします。反対の手で脚の外側を押さえながら、内側をプッシュするとやりやすいでしょう。

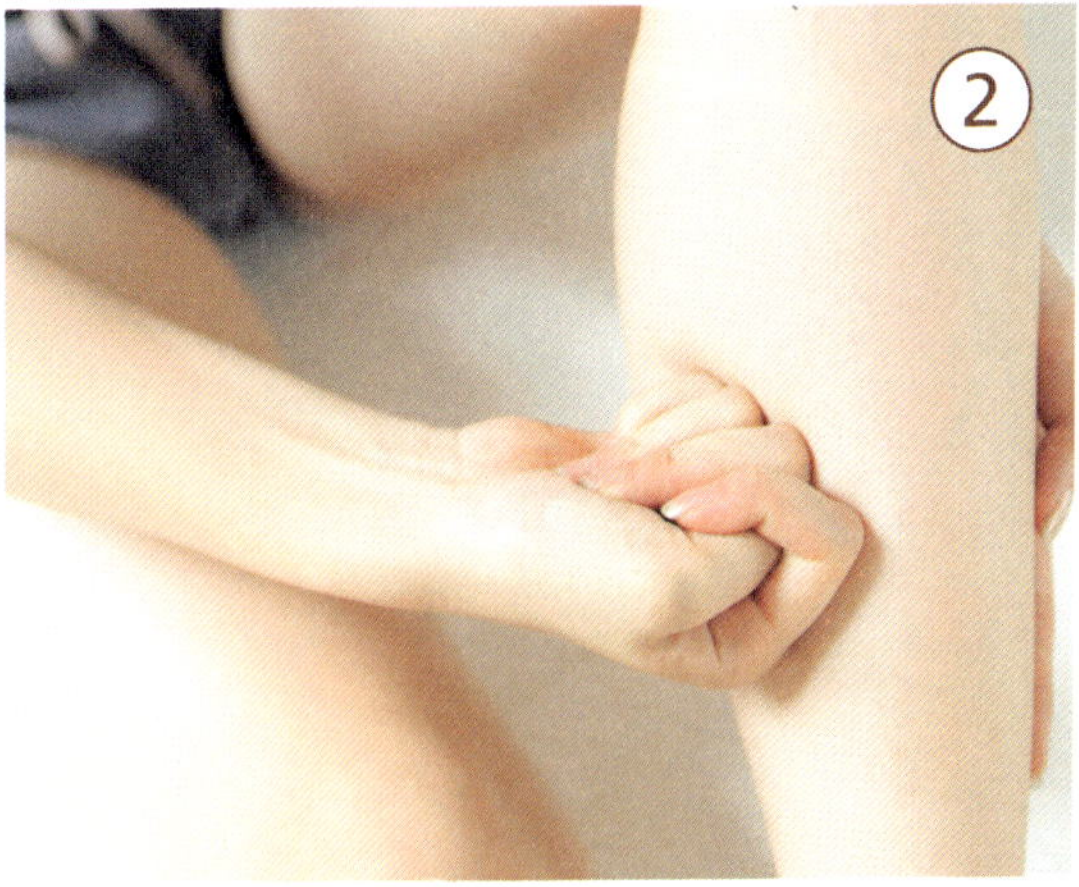

脚の後ろ側をつまむ

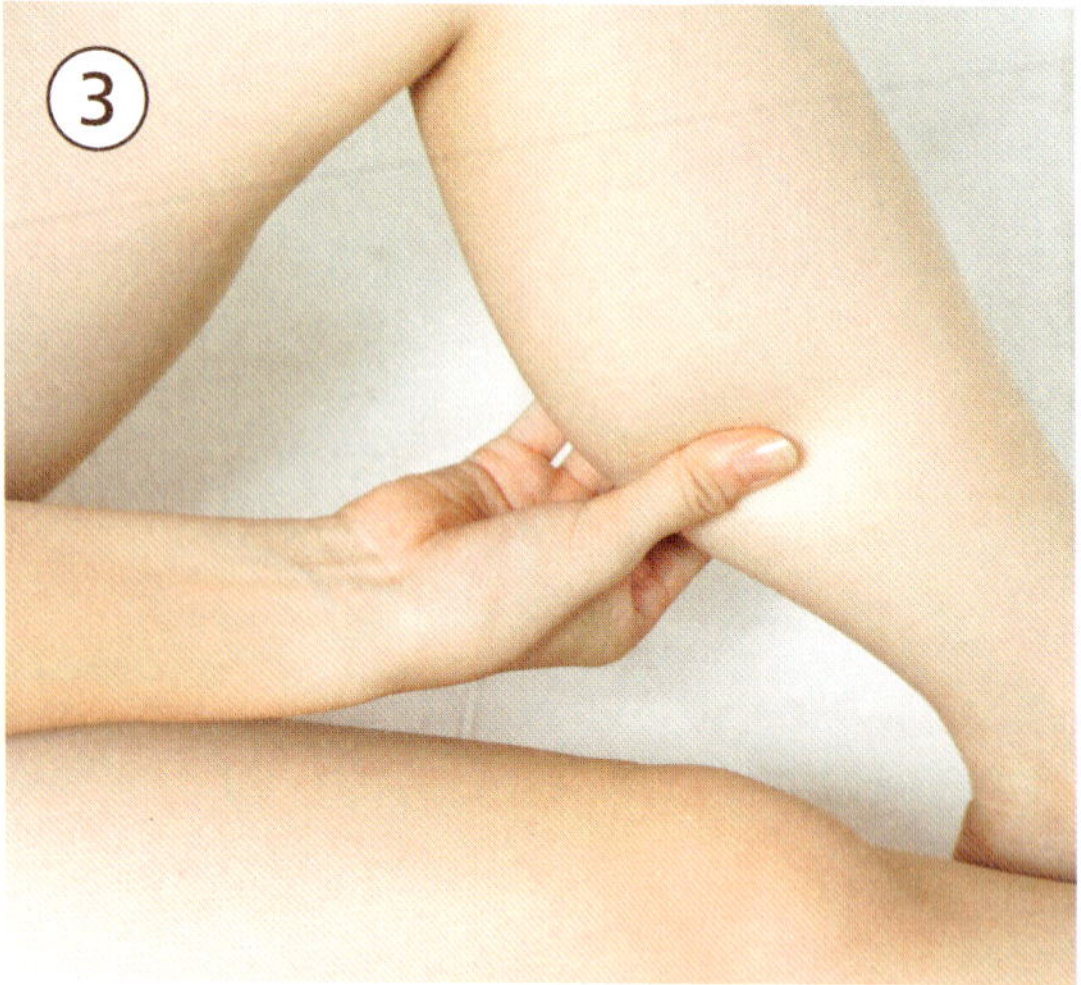

アキレス腱から脚の付け根まで、脚の後ろ側全体をつまみます。

脚の外側をプッシュする

アキレス腱から脚の付け根まで、脚の外側全体を深くゆっくりとパンチプッシュします。反対の手で脚の内側を押さえながら、外側をプッシュするとやりやすいでしょう。

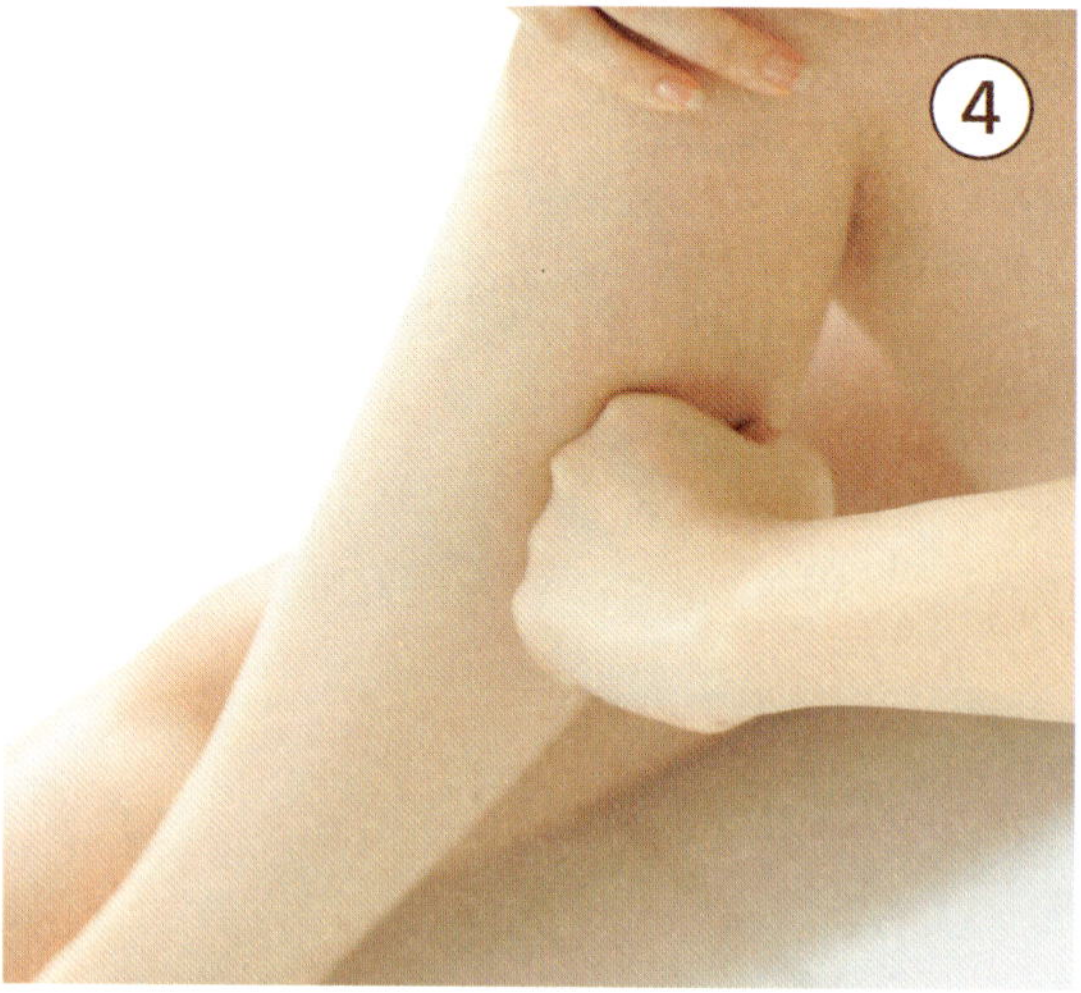

左右
1回ずつ

Push Massage

脚全体②
ガンコな脂肪を粉砕する

脚全体を引き締めるマッサージの2ステップ目に入ります。

「かきあげる」「たたく」などの大きな動作で、ガンコな脂肪の塊をふるい落としていきます。最後に、バイブレーションで脚を落ち着かせ、リンパに脂肪分解物を流し込んで排出を促せばＯＫ。脚全体がポカポカと温まり、キュッと引き締まった感を覚えるはずです。

また、脂肪は冷えているところにつきやすい、という法則があります。マッサージを行っていくなかで、太ももやふくらはぎの後ろ側など、部分的に冷えを感じるところがあれば、重点的にもみほぐすようにしましょう。

PROCESS

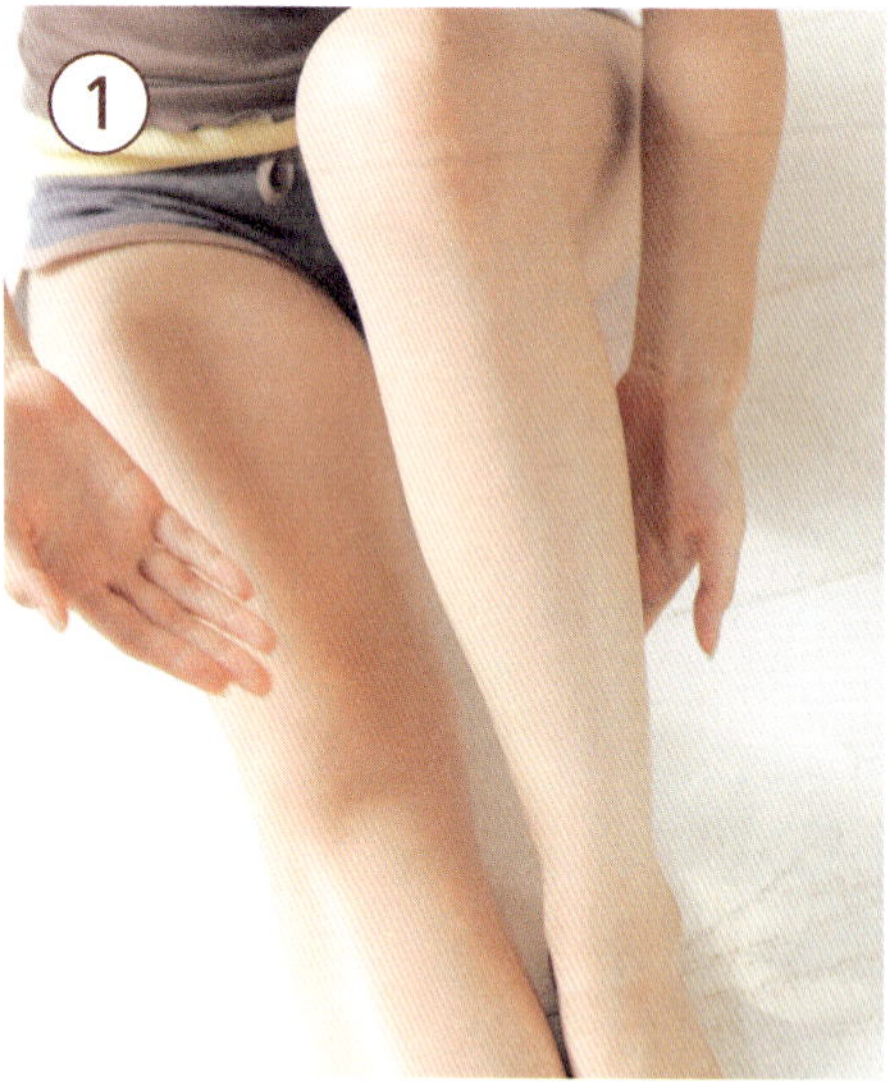

脚全体をはじく

小指から4本の指を使って、アキレス腱からヒップの境目まで、脚全体をまんべんなくはじきます。脚の後ろ側からプルプル震える程度に刺激を与えましょう。

かきあげる

ワシ手にし、5本の指先を使って、アキレス腱からヒップの境目まで、脚全体をかきあげます。

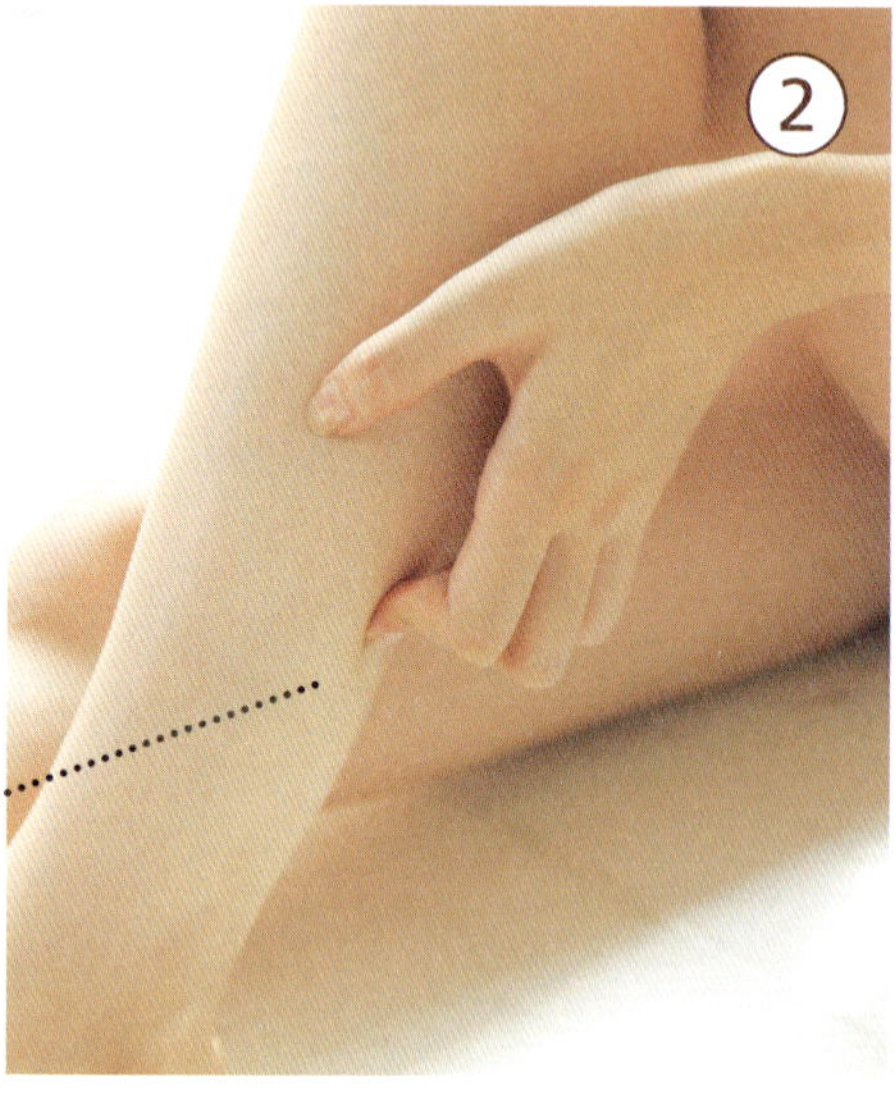

CHECK!

脚の後ろ側から前側へ、脂肪の塊を揺り動かすように

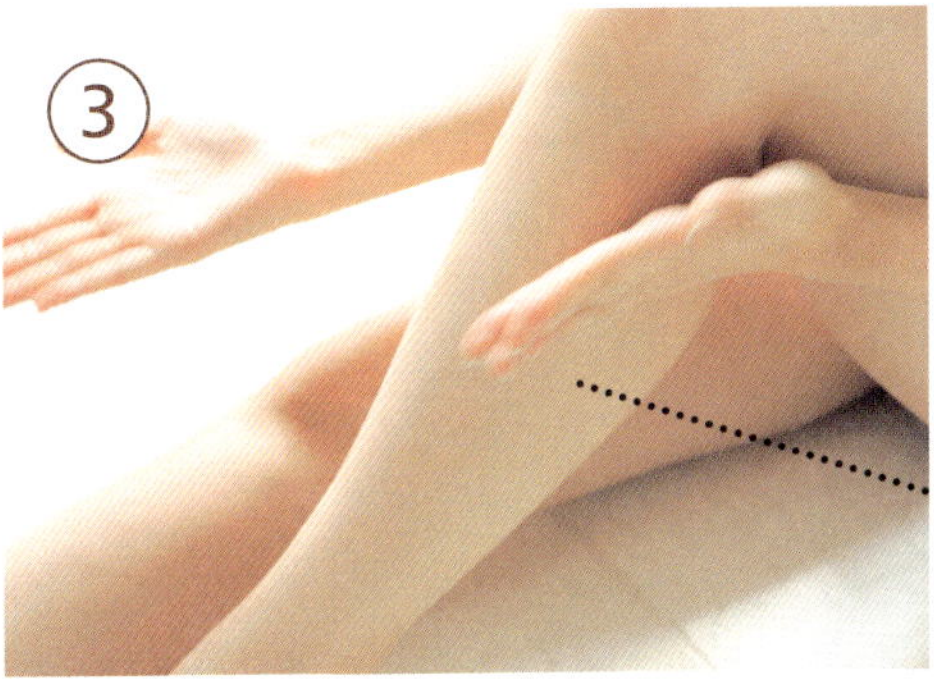

たたく

小指側の側面を使って、アキレス腱から脚の付け根まで、脚全体をリズミカルにたたきます。

CHECK!
脂肪を細かく粉砕するイメージで

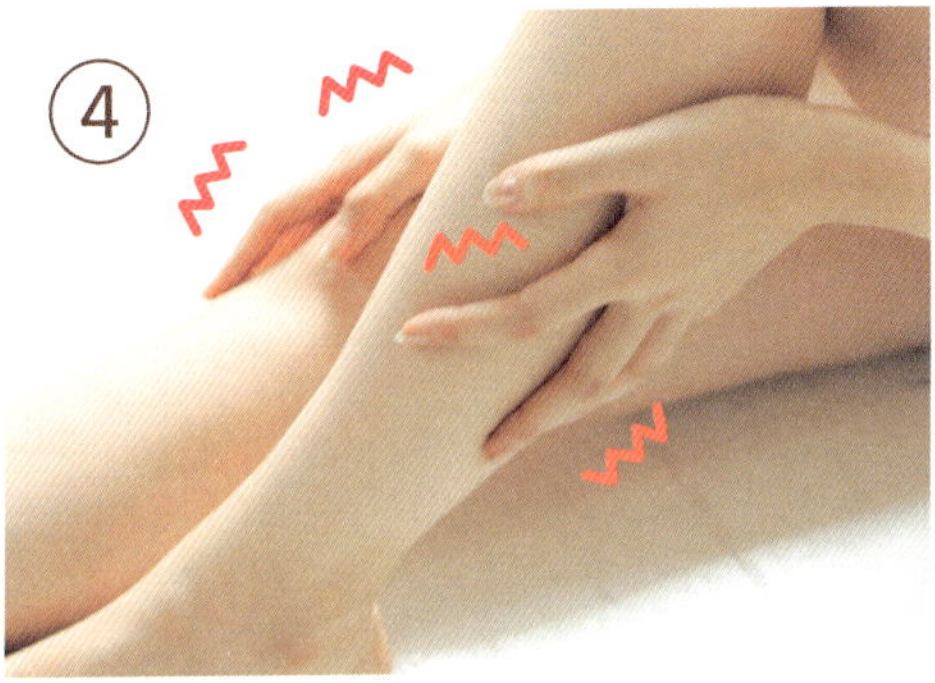

バイブする

手のひらを細かく振動させ、アキレス腱から脚の付け根まで、脚全体を５秒ずつバイブレーションします。細かい刺激でクールダウン。

流す

両手で脚を包み込み、アキレス腱から脚の付け根まで３回流して落ち着かせます。

左右
1回ずつ

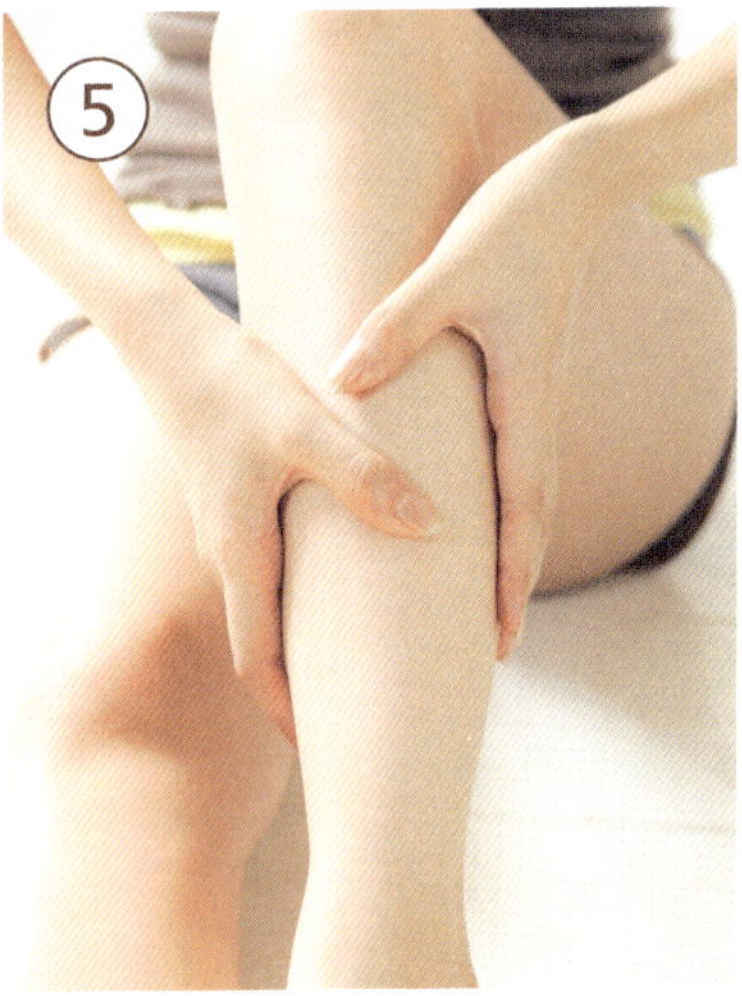

Push Massage

太もも

ジーンズが引っかからない太ももをつくる

ジーンズを試着するとき、ウエストはピッタリなのに太ももが引っかかってはけない、なんてことはありませんか? 「もともとジーンズは日本人の体型に合わないのよ」と思うかもしれませんが、私に言わせると、それはただの「言い訳」。なぜなら、同じ日本人でも、スッキリとはきこなしている女性が現実に存在するからです。

ひざとかかとをくっつけた状態で立ってみてください。左右の太ももの間にすき間がまったくできない人は、明らかに脂肪太りです。第3章のプッシュエクササイズと並行して、マッサージを徹底的に行いましょう。委中《いちゆう》（ひざ裏の横じわの真ん中にあるツボ）を刺激するので、脚の疲れやむくみ、腰痛、肩コリをとりのぞく効果も期待できます。

PROCESS

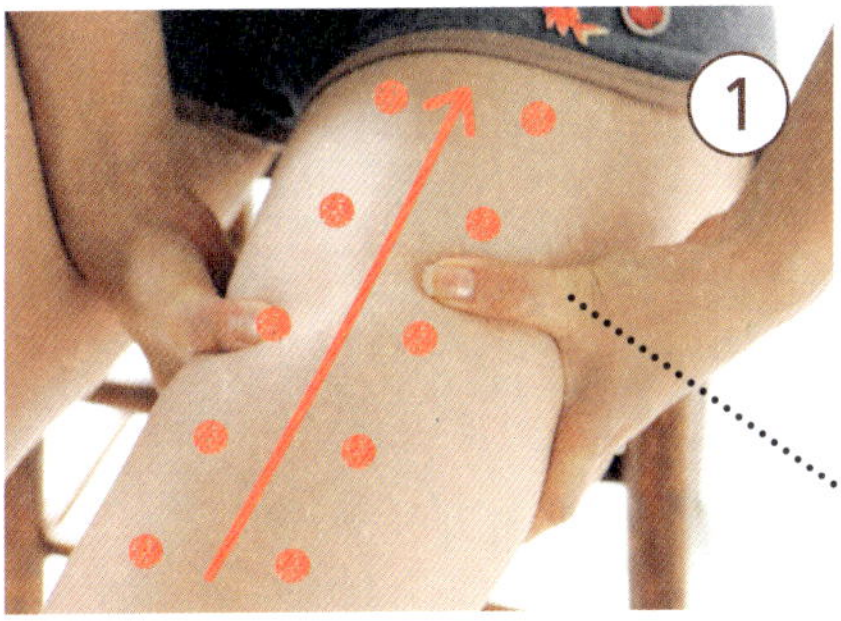

① 前ももの骨の際をプッシュする

両手で太ももを包み、前ももの骨の際のサイドを深くゆっくりと親指プッシュしながら移動します。ひざ上から脚の付け根まで5カ所均等に。

CHECK!
体重をグーッとかけて

② 委《い》中《ちゅう》を長押しして、後ろももをもみほぐす

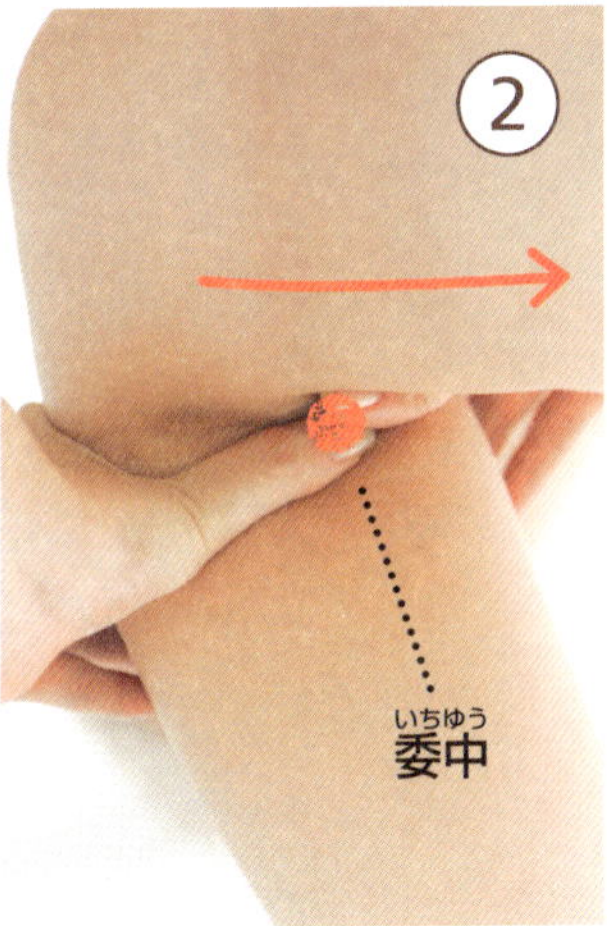

委中《いちゅう》（ひざ裏の横じわの真ん中にあるツボ）を5秒間親指プッシュします。そのままおしりの境目まで、人差し指から薬指までの4本の指を使って、後ろももをもみほぐしながら移動します。

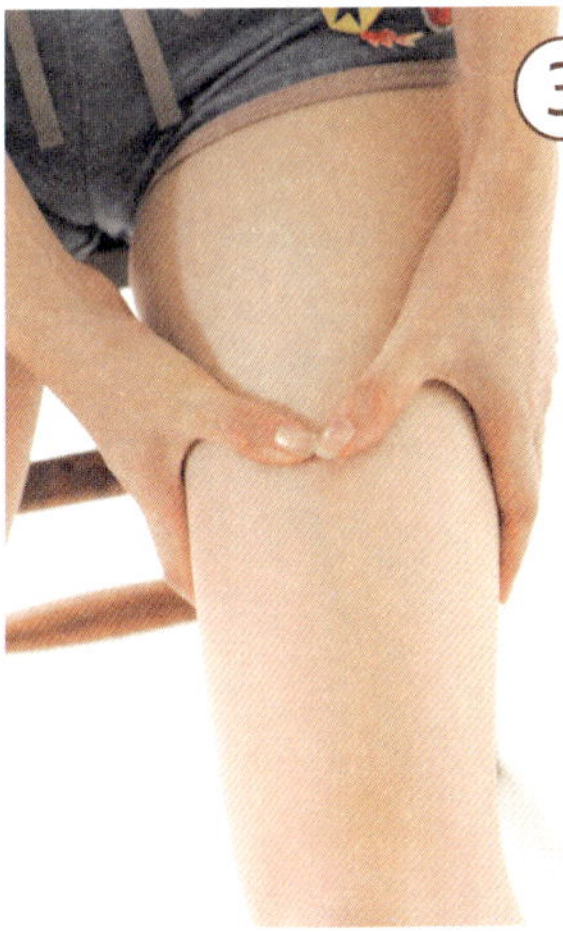

③ 流す

両手で太ももを包み、ひざ裏から脚の付け根まで3回流します。

左右
1回ずつ

Push Massage

ヒップ

ホルモンのバランスを整えて、美尻に

意外に思われるかもしれませんが、ヒップはコリやすい部位です。マッサージで仙骨《せんこつ》の際のラインに沿って、ゆっくりと深くプッシュしましょう。関節同士を結ぶ筋肉をゆるませるので、プッシュエクササイズ（P.52）の前に行うと、小尻効果がより高まります。

また、ヒップは内臓の働きを活発にするツボが集まっているところでもあります。なかでも婦人科系に効果的なツボが多いので、気になる人はプッシュするクセをつけるようにしましょう。ホルモンのバランスが整い、美しいヒップラインを手に入れることができます。

PROCESS

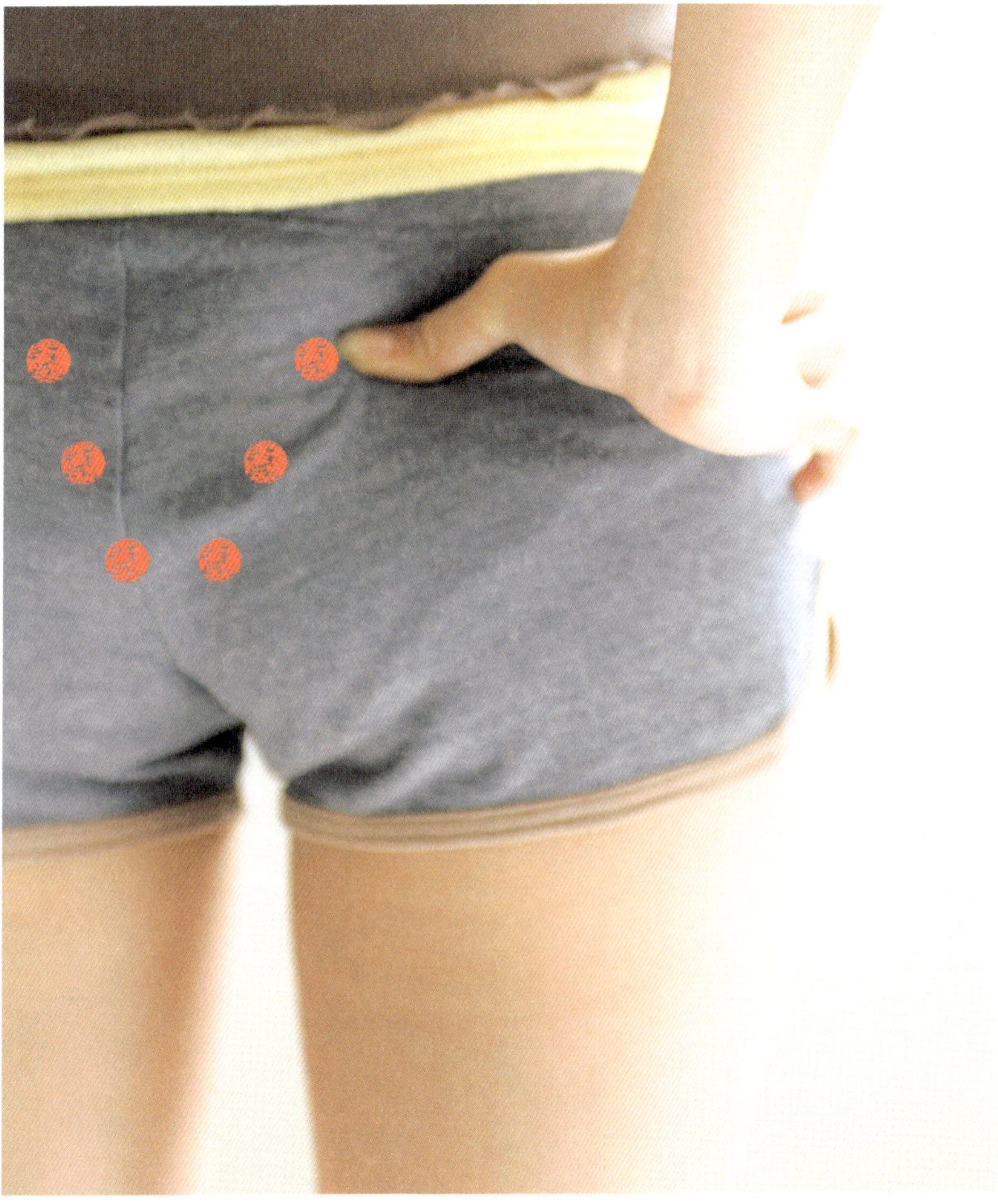

仙骨の際をプッシュする

仙骨の際、左右各3カ所を深くゆっくりと親指プッシュします。

Push Massage

ふくらはぎ

溜め込んだ老廃物を一掃する

ふくらはぎが太く見える人は、ひざ下から足首まで全体的にむくみ、ボテッとした印象を与えているケースがほとんどです。

大きな原因となるのがリンパの停滞。実は、ふくらはぎは、サイドと後ろ側が張りやすい特徴があります。硬くこわばった筋肉や脂肪は、リンパの流れを阻害し、代謝力を低下させます。

まずは徹底的にサイドと後ろ側をもみほぐし、さらに代謝をアップするツボを刺激して、リンパの流れを正常化させましょう。

理想は、上３分の１あたりに適度な筋肉がつき、下３分の２は足首までスーッと伸びた、メリハリのあるふくらはぎです。とにかく毎日、根気よくマッサージしてください。少しずつ結果が出るはずです。

PROCESS

内側をもみほぐし、三陰交《さんいんこう》で長押しする

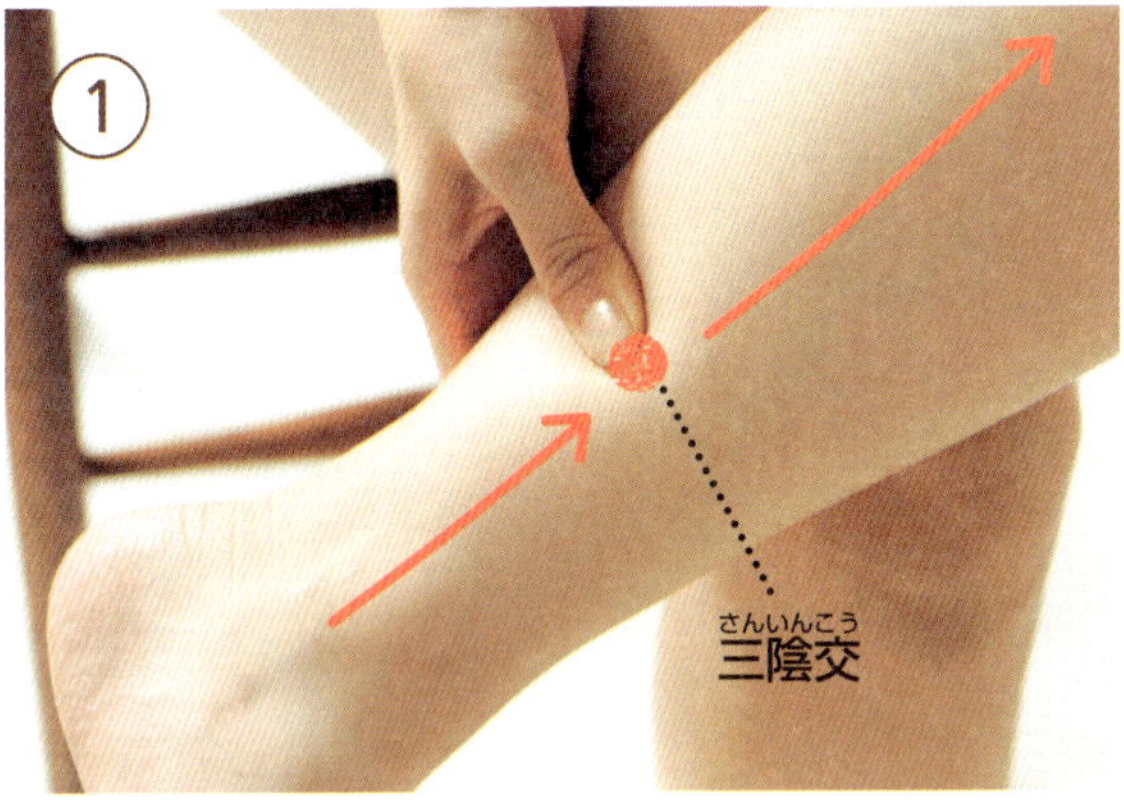

足首からひざ下まで、ふくらはぎの内側を親指でもみほぐしながら移動します。三陰交《さんいんこう》（内くるぶしの出っ張りから指4本分上にあるツボ）にきたら、親指で5秒間プッシュします。

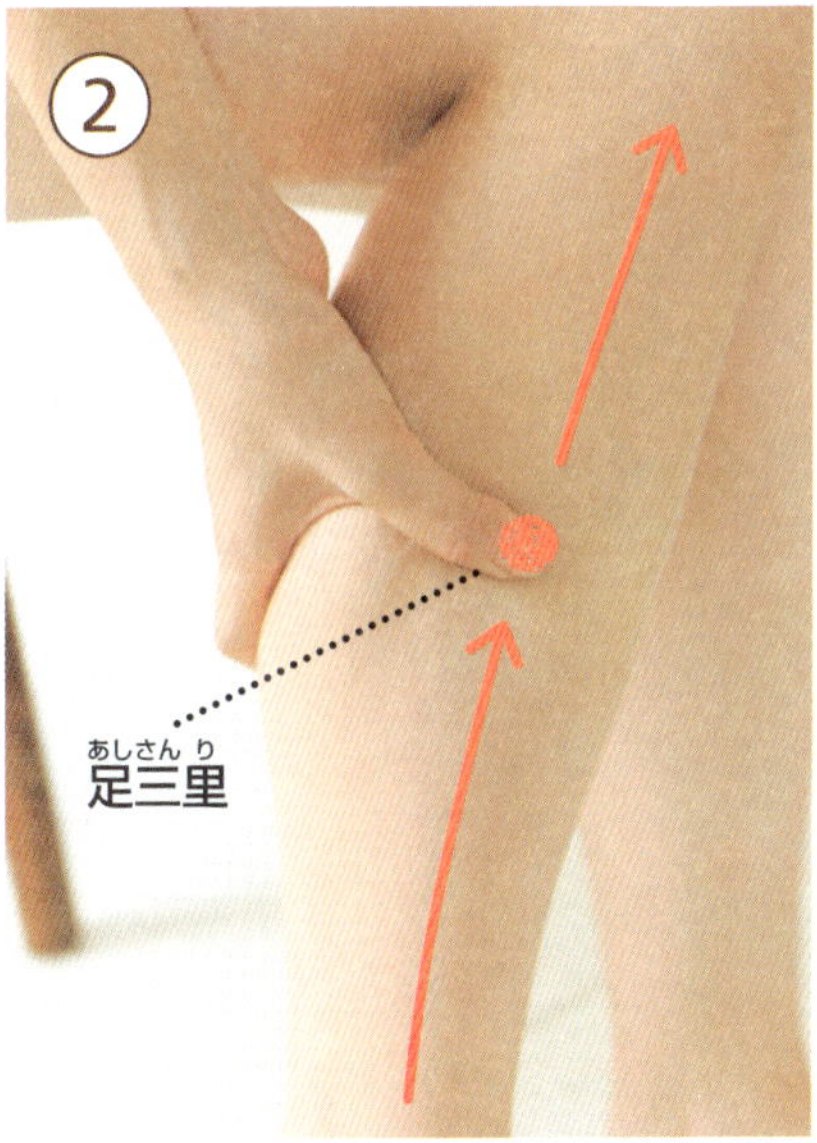

外側をもみほぐし、足三里《あしさんり》で長押しする

足首からひざ下まで、ふくらはぎの外側を親指でもみほぐしながら移動します。足三里《あしさんり》（ひざ下から指4本分下にあるツボ）にきたら、親指で5秒間プッシュします。

左右
1回ずつ

Push Massage

足首

足首のむくみを絞り出す

足首は、脚のなかでも一番小さな部位です。本来ならば、ほとんど骨なので脂肪がつくことはありえません。ところが現代人は、足首を使わない、いわゆるペタペタ歩きになっています。関節が硬くなれば、血液やリンパの流れが鈍るのでむくみます。むくんだところには必ず脂肪がつきます。冷たい脂肪がつけば、足先の冷えの原因にもなります。このように、脚はトラブルがトラブルを呼ぶ、恐い部位でもあるのです。これは、たとえ足首のような小さな部位であっても同じです。今すぐ、むくみをとりのぞくツボ押しとマッサージでスッキリさせましょう。また、トラブルの元凶とも言える「歩きかた」もぜひ改善してほしいところです。第6章で詳しく説明しているので、あわせてご覧ください。

PROCESS

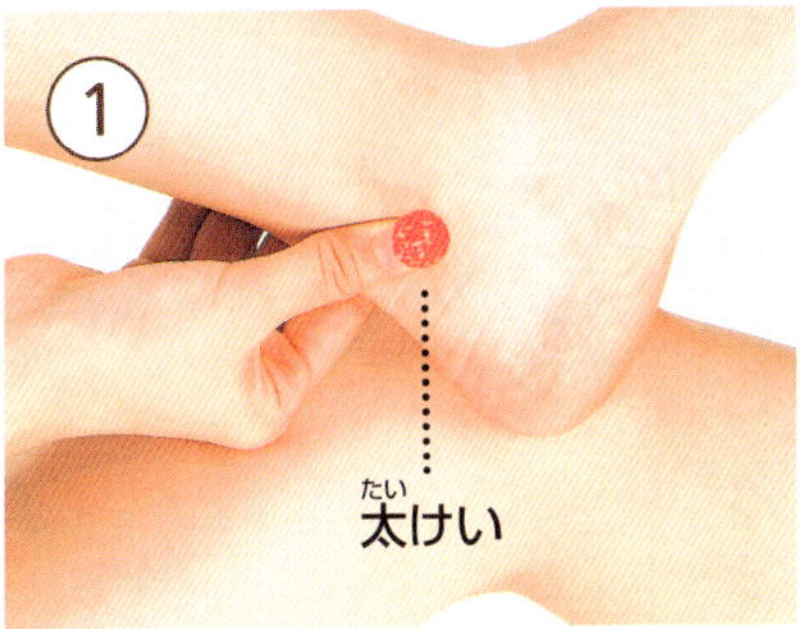

太《たい》けいを長押しする

太《たい》けい（内くるぶしとアキレス腱の間にあるツボ）を親指で５秒間プッシュします。

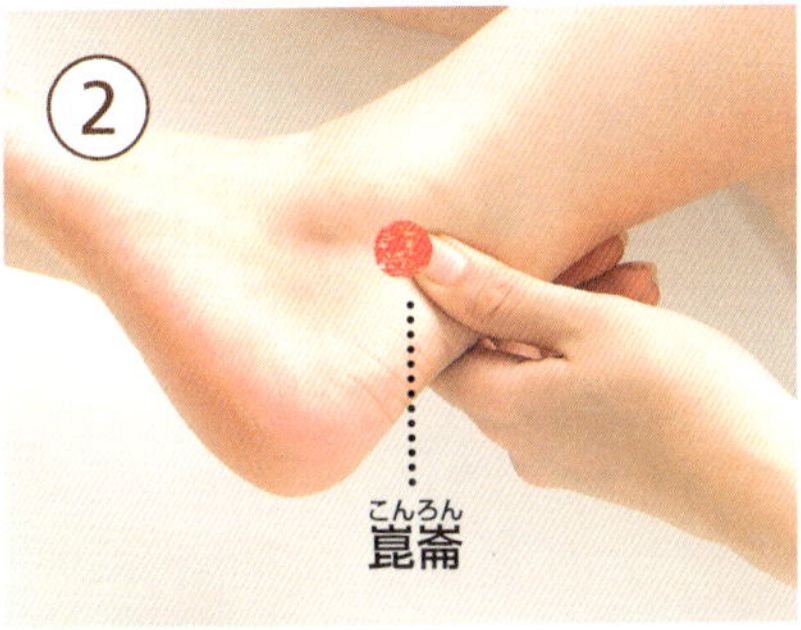

崑崙《こんろん》を長押しする

崑崙《こんろん》（外くるぶしとアキレス腱の間にあるツボ）を親指で５秒間プッシュします。

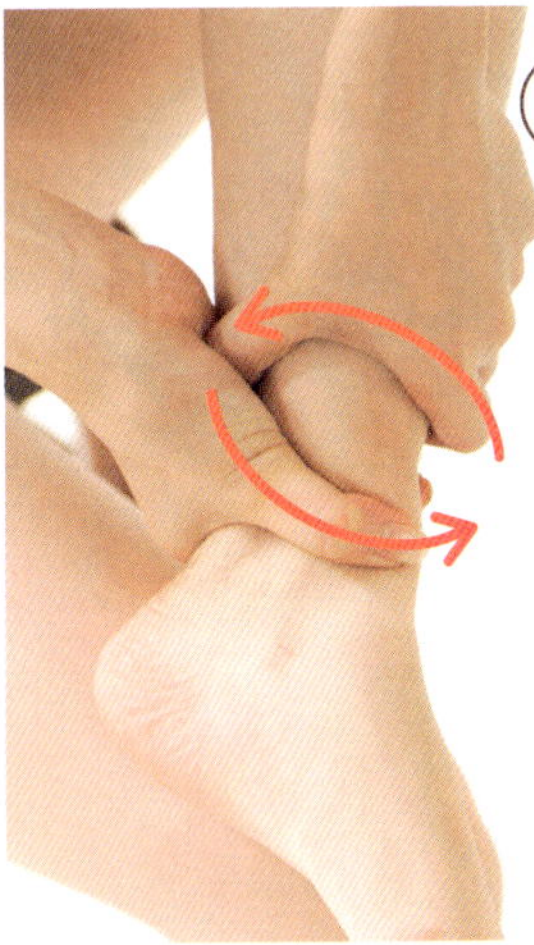

足首を絞る

両手で足首をもち、左右に10回絞ります。

左右
1回ずつ

PUSH

✳

06

崩れない美脚ラインを手に入れるウォーキング

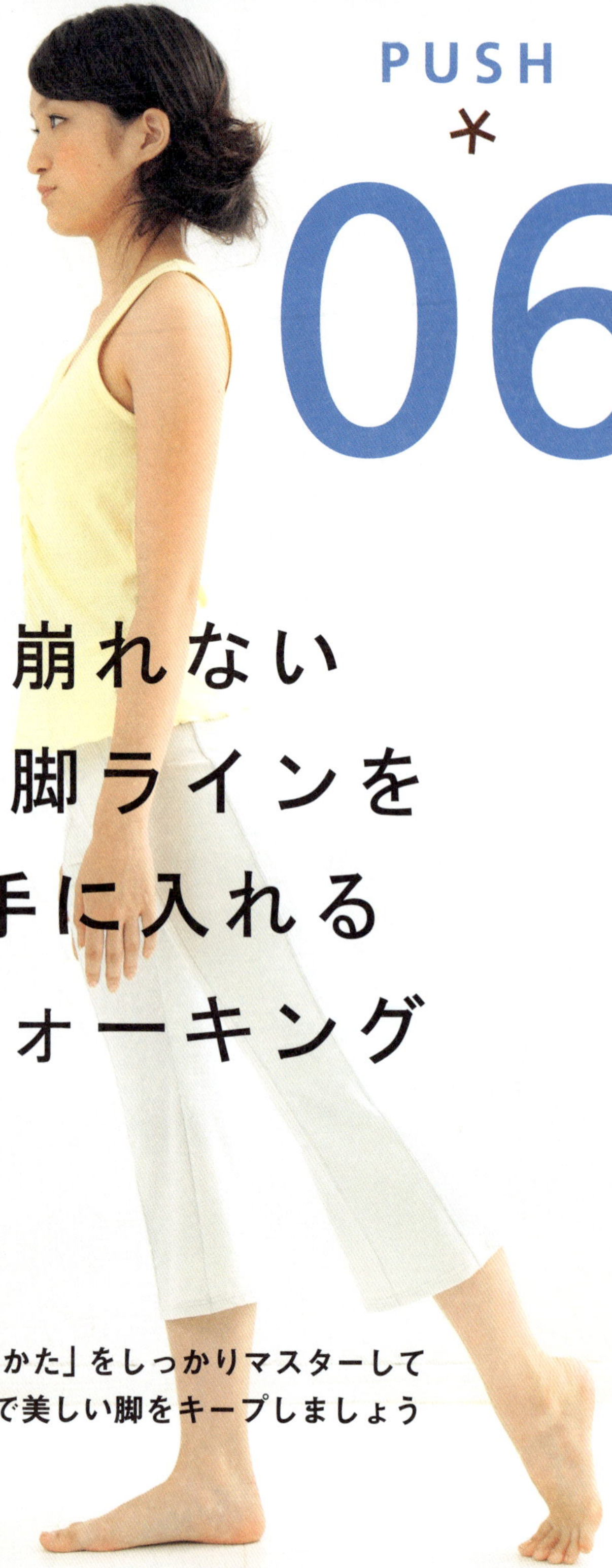

「歩きかた」をしっかりマスターして
健康で美しい脚をキープしましょう

ほとんどの女性が正しい歩きかたをしていない

＊

　ここで簡単なテストをしてみましょう。ひざを伸ばし、坐骨を立てた状態で床に座ってみてください。ひざが床から浮いていませんか？　少しでも浮いていたらあなたの歩きかたには問題があります。ひざがゆるむ大きな原因には（1）ヒールの高い靴を履いている（2）歩幅が小さい（3）内股、ガニ股である（4）かかとから着地して歩いていない、の４つがありますが、これらはすべてウォーキングに関係しているからです。

　正しい歩きかたを身につけない限り、ひざのゆがみは矯正できません。また、靴の選びかたも大切なポイントです。現代では、脚を助けるツールのはずの靴が、逆に脚に負担をかけているケースが多いのです。

　正しいウォーキングと正しい靴で「美しく、気高い脚」を手に入れましょう。

Walking

立つ

ウォーキングは立ちかたから始まる

まずは、正しい立ちかたを身につけましょう。壁に背中をくっつけるようにして立ってみてください。後頭部、肩、ヒップ、ふくらはぎ、かかとの5点がピタリとくっつきますか？　1点でも離れていれば、真っ直ぐ立っていないことになります。私のスクールでも基本の立ちかたは指導していますが、なかでも肩とふくらはぎが壁につかない人が目立ちます。肩がつかない人は、毎日のデスクワークなどで肩関節が内側に入るクセがついていると考えられます。また、ふくらはぎがくっつかない人は、猫背や高いヒールの靴を履いていてひざが伸びていないと考えられます。気になる人は、立ちかたのチェックを毎日の習慣にするとよいでしょう。生活動作のクセを見直すきっかけにもなります。

後頭部
肩
腰
壁と腰の間に、手のひらがぎりぎり入る程度のすき間ができる。手がすっぽり入る人は、腰が反りすぎ。
ヒップ
ふくらはぎ
かかと

Walking

靴を選ぶ

判断基準は「履きこなせるかどうか」

「脚が長く見える」などの理由で、ハイヒールを無理やり履いている女性を見かけます。しかし、脚に負担をかけるので、日常的に履くのはおすすめしません。実際にひざが曲がってしまっている人が大勢います。脚が暗黙の悲鳴をあげているのが、ひざに現れているのです。

とはいえ、さっそうと履きこなしているモデルやダンサーは確かにいます。それは、つま先で自分の体重を支えられる筋力があるから。つまり、ある程度筋力がついて完成した脚の人のみが履くことを許されるのです。

まずは3～5センチ程度の中ヒールからはじめてください。靴に「履かされる脚」ではなく、靴を「履きこなす脚」を目指しましょう。

パンプスの選びかた

・つま先に1cm程度の捨て寸がある
・つま先部分が甲全体を包む
・幅、甲の高さがピッタリ合う
・ヒールの高さは3～5cm程度
・ヒールが地面と接する面積が広い

ウォーキングシューズの選びかた

・つま先に1cm程度の捨て寸がある
・幅、甲の高さがピッタリ合う
・クッション性がある

Walking

歩く①

かかとから着地して、リズミカルに

基本のウォーキングをマスターします。基本の立ちかた（P.86）から、肩幅プラス足1つ分の歩幅でひざとひざをすり合わせるように歩きます。自分の歩幅がイマイチつかめない人は、最初に足を肩幅より多少広めに開き、そのまま体を横に向けてみるとわかりやすいでしょう。そして、正面の人に足裏を見せるように、かかとから地面に着地してリズミカルに歩きます。

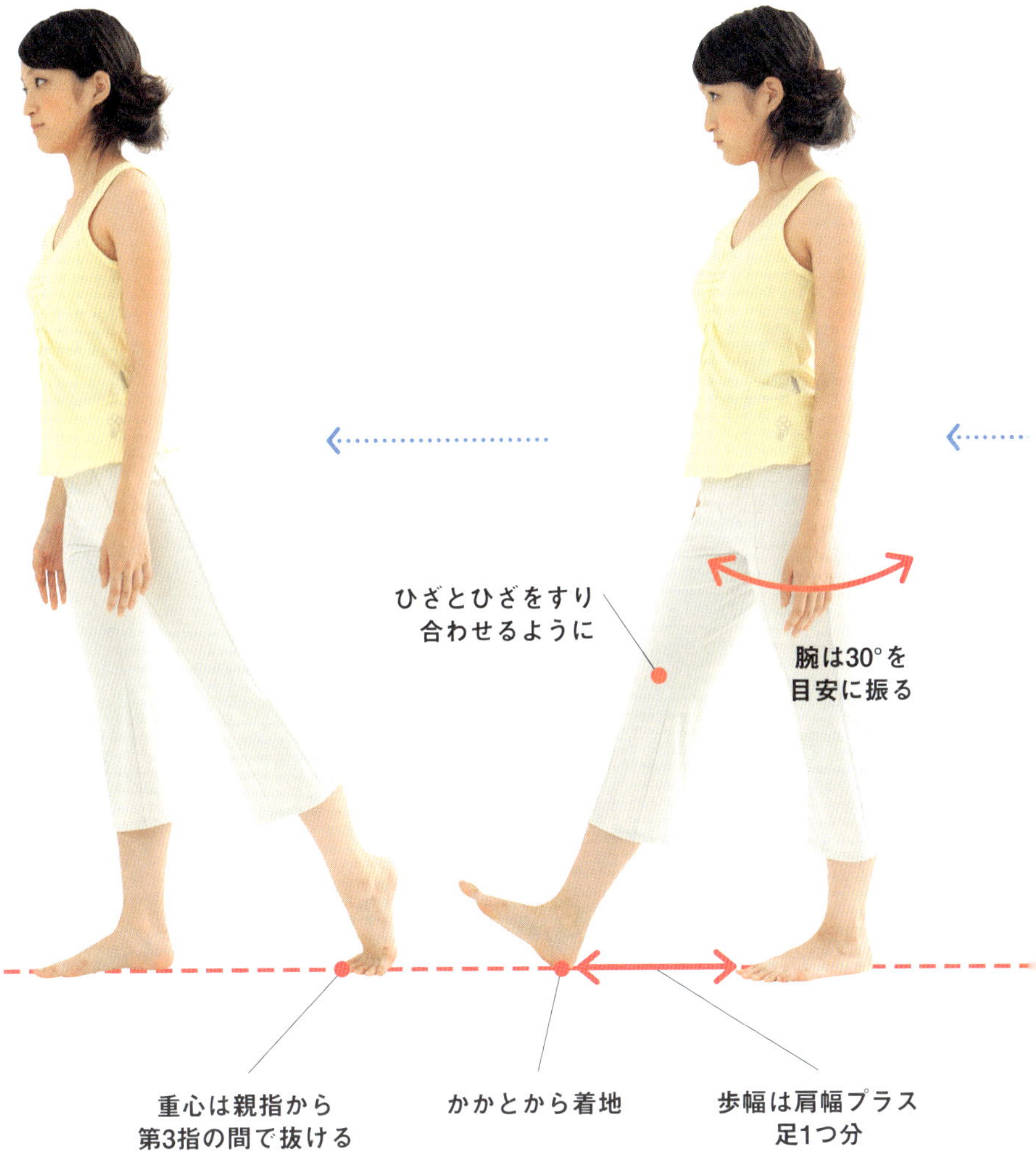
ひざとひざをすり
合わせるように
腕は30°を
目安に振る
重心は親指から
第3指の間で抜ける
かかとから着地
歩幅は肩幅プラス
足1つ分

Walking

歩く②
プッシュウォーキングで意識を高める

おなかPUSHウォーキング

おなかを手のひらでプッシュしながら歩きます。
上半身が安定し、猫背や反り腰予防に。

ウォーキングをより正しくマスターするためのちょっとしたコツを2つ紹介します。

まず、姿勢が気になる人はおなかを手のひらでプッシュしながら歩きましょう。意識が腹筋に向くので、上半身が安定し、猫背や反り腰予防になります。

また、歩くときにヒップ

おしりPUSHウォーキング

おしりを手のひらでプッシュしながら歩きます。
腰が安定し、外側重心の予防に。

が左右に揺れる人、重心が外側になっている（＝体が安定しない）人は、ヒップを手のひらでプッシュしながら歩いてみてください。意識がヒップに向くので、腰が安定し、外側重心の予防になります。

「手のひらでプッシュするだけで改善するの？」と疑問に思うかもしれませんが、私のスクールでも指導すると、みなさん驚くほど変わります。

私たちの手のひらは、まさにセンサーのようなもの。ぜひトライしてみてください。

おわりに

さて、この本のキーワードにもなっている「プッシュ」って素敵な言葉だと思いませんか？　何か行動を起こすとき、自分の心をプッシュしますよね？　また、迷っているとき、誰かにほんの少し背中をプッシュしてもらうだけでも決心がつくときがありますよね？　人生の中で、お互いにプッシュし合い、また自らの心をプッシュして、現在の自分がある……。こんなに素晴らしいことはないと思います。

　これまで私は、いろいろな女性たちと一緒に、ウォーキングの練習をしたり、プッシュエクササイズを実践したりしてきました。みなさんが大変熱心に聞いてくださり、そして美しい脚にすこしずつ近づいていく様子を見ていて、私はとても感動しました。

　そして、私はキレイ&健康を一方的に与えるだけではなく、実はみなさんからも元気のパワーをたくさんいただいていることを実感したのです。まさに、お互いによい方向へとプッシュし合う、最高の経験です。

私はこれからも、脚の美容健康を通じて、みなさんとプッシュし合えれば……と強く感じています。

最後に、この本をお読みいただきありがとうございました。

みなさんの人生が、より豊かな方向へと「プッシュ」されますように。

レッグ・コンシャリスト　斉藤美恵子

斉藤美恵子
MIEKO SAITO

レッグ・コンシャリスト。バランススタイリスト。ウォーキングセラピスト。身体均整師。株式会社ペルヴィシャス代表取締役。骨折が原因で「O脚」になり、それを克服した自らの体験により独自の美脚エクササイズを開発。「生活習慣の積み重ねが脚に現れる」という信念のもと、エクササイズのみならず、食事や生活習慣などの総合的な視点による美脚法を指導している。これまで、女優やモデルをはじめ、2万人以上の女性の脚を矯正。日本国内で唯一の脚のスペシャリストとして、数多くの女性誌の執筆・監修や、テレビ、ラジオなどのコメンテーターとして活躍している。現在は、企業や教育機関の講演会などを通して、子供や年配者向けの脚の健康法も指導している。おもな著書に『細い脚は「ゆび」がやわらかい』(青春出版社)、『ふって、まわして、モデル脚になる1週間エクササイズ』(メディアファクトリー)、『もっともっと愛され脚をつくる2週間レシピ』『もっともっと愛されるカラダをつくる101のポーズ』(ともにWAVE出版)などがある。

●ボディスポット・ペルヴィシャス　http://pelvicious.jp/　E-mail: info@pelvicious.jp

ビジュアル版　1日3分!
脚やせPUSHダイエット

2018年6月20日　第1刷発行

著者
斉藤美恵子

発行人
見城 徹

発行所
株式会社 幻冬舎
〒151-0051 東京都渋谷区千駄ヶ谷 4-9-7
☎ 03(5411)6211(編集)
☎ 03(5411)6222(営業)
振替 00120-8-767643

印刷・製本所
株式会社 光邦

検印廃止

Printed in Japan
ISBN978-4-344-03312-2 C0095
幻冬舎ホームページアドレス　http://www.gentosha.co.jp/
この本に関するご意見・ご感想をメールでお寄せいただく場合は、
comment@gentosha.co.jp まで。